全国教育科学规划课题《社会融入视角下孤独症儿童教育康复课程的建构与实践》(项目编号 BHA220269)

孤独症儿童教育与教学

郑 芳 著

西北大学出版社

·西安·

图书在版编目(CIP)数据

孤独症儿童教育与教学 / 郑芳著. -- 西安：西北大学出版社, 2025.1. -- (特殊教育丛书/徐云总主编). -- ISBN 978-7-5604-5602-7

Ⅰ.G766

中国国家版本馆 CIP 数据核字第 2025TR7887 号

孤独症儿童教育与教学
GUDUZHENG ERTONG JIAOYU YU JIAOXUE

著　者	郑　芳
出版发行	西北大学出版社
地　　址	西安市太白北路 229 号
邮　编	710069
电　话	029-88303310
网　址	http://nwupress.nwu.edu.cn
电子邮箱	xdpress@nwu.edu.cn
经　销	全国新华书店
印　装	陕西瑞升印务有限公司
开　本	700mm×1000mm　1/16
印　张	15
字　数	240 千字
版　次	2025 年 1 月第 1 版　2025 年 1 月第 1 次印刷
书　号	ISBN 978-7-5604-5602-7
定　价	65.00 元

如有印装质量问题，请与西北大学出版社联系调换，电话 029-88302966。

总　序

  特殊教育是国民基础教育不可分割的组成部分，是教育的兜底工程和教育公平的重要体现，同时是衡量社会文明进步程度的重要标志。

  习近平总书记在 2024 年召开的全国教育大会上强调："教育是强国建设、民族复兴之基。""我们要建成的教育强国，是中国特色社会主义教育强国，应当具有强大的思政引领力、人才竞争力、科技支撑力、民生保障力、社会协同力、国际影响力，为以中国式现代化全面推进强国建设、民族复兴伟业提供有力支撑。""要坚持以人民为中心，不断提升教育公共服务的普惠性、可及性、便捷性，让教育改革发展成果更多更公平惠及全体人民。优化区域教育资源配置，推动义务教育优质均衡发展，逐步缩小城乡、区域、校际、群体差距。"

  这对新时代教育赋予了新使命、新担当、新作为，令人鼓舞，催人奋进。对特殊教育工作者如何在教育强国建设中踔厉奋发，把握好定位，牢记教育报国初心使命，坚持以人民为中心发展特殊教育，加快推进特殊教育高质量发展，以特殊教育之强促进教育之强，以教育之强夯实国家富强之基，在全面推进中华民族伟大复兴中发挥特殊教育的独特作用，提出了新要求、新任务和新期望。从党的十七大"关心特殊教育"，到党的十八大"支持特殊教育"，再到党的十九大"办好特殊教育"和党的二十大"强化特殊教育普惠发展"，这些关键词的改变折射出党和国家不断增强对特殊教育的重视程度，不断加大支持力度，努力让每一位残疾儿童少年都能享受合适而优质的教育。

回顾我国特殊教育发展的历史和本人自己见证的特殊教育发展历程，在党、政府及社会各界，以及特殊教育工作者的不懈努力下，我国特殊教育取得了显著成就，已经形成了具有中国特色、适合中国国情的特殊教育发展模式。

中华人民共和国成立前，特殊教育学校由私人创立的居多，特殊教育以"看护""养护"为主，基本上属于慈善救济性质。中华人民共和国成立后，政府接管了特殊教育学校，相继颁布《政务院关于改革学制的决定》(1951年)、《办好盲童学校、聋哑学校的几点指示》(1957年)等，确立了特殊教育的教育属性和地位，推动了特殊教育发展。截至2023年，特殊教育学校从1946年的40所增加到2345所，在校学生数也从2322人增加到91.2万人，其中，特殊教育学校就读在校生34.12万人，其他学校就读在校生57.08万人。

改革开放后，特别是1988年，我国启动了残疾人教育事业发展五年规划、召开了第一次全国特殊教育工作会议，次年国务院办公厅转发了国家教委等部门《关于发展特殊教育的若干意见》，一系列举措推动了特殊教育较快发展。《残疾人教育条例》《义务教育法》《残疾人保障法》等法律法规公布。2017年修订的《残疾人教育条例》，不仅为进一步保障残疾儿童接受义务教育提供了强有力支持，而且确立了推进融合教育、优先采取普通教育方式的特殊教育发展原则。后如《关于进一步加快特殊教育事业发展的意见》《国家中长期教育改革和发展规划纲要(2010—2020年)》等相继出台，"特殊教育提升计划"等相继实施，有效推动了特殊教育的发展。需要特别指出的是，教育规划纲要把特殊教育作为八大教育发展任务之一，对特殊教育真正纳入国家教育整体规划、实施融合教育具有重要意义。

我国特殊教育形成了"以特殊教育学校为骨干，以大量随班就读和特教班为主体，以送教上门和远程教育等为辅助"的中国特色的发展模式，为在全球范围内建立没有排斥、没有歧视的全纳教育体系做出了贡献。

1946年，特殊教育学校(盲校、聋校)40所，2018年特殊教育学校达到了2152所，2023年为2345所，学校数量增长了58倍左右。在校残疾学生人数2322人，2018年在校残疾学生达到了近66.59万人(包括特殊教育学校、随班就读和附设特教班、送教上门等)。2023年在校残疾学生人数为91.2万，增长了390多倍。1953年，特殊教育学校专任教师444人，2018年特殊教育学校专任教师5.87万人，2023年专任教师增长了190多倍。

我国的特殊教育法制体系逐渐得到完善。近些年，出台了一系列有关残疾人权益保障的条例，如《无障碍环境建设条例》《残疾人就业条例》《残疾预防和残疾人康复条例》等。目前，直接涉及残疾人权益保障的法律有80多部，行政法规有50多部，标志着特殊教育已基本完成了从慈善型、救济型向权利型、普惠型方向转变，纳入依法治教轨道。

学前到高等教育阶段特殊教育体系初步形成。中华人民共和国成立初期，残疾人仅限于基础教育。经过70多年不懈努力，特殊教育逐渐确立了"保障义务教育，着重发展职业教育，积极开展学前教育，逐步发展高级中等以上教育"的方针。按"全覆盖、零拒绝"的要求，对所有类别的残疾儿童，包括残疾程度较重或具有多重残疾的儿童，提供多种多样的教育形式，保障其接受义务教育的权利。全国已有上百所普通本科高校开设特殊教育专业，高职院校开设特殊教育专业点。我国特殊教育体系在层次上已经具备了学前教育、义务教育、高中教育及高等教育各阶段，已经具备了基础教育、职业教育、成人教育等类型。

特殊教育安置多样态和教师培训体系日趋完善。改革开放以前，我国残疾儿童只能到特殊教育学校接受教育，目前我国特殊教育提供了多样化的教育形式，包括特殊教育学校、特殊教育班、随班就读、送教上门或远程教育等。1987年，在普通学校就读的残疾学生为0.64万名，残疾儿童入学率只有6%左右，至2024年已经达到95%以上。改革开放前，我国没有培养特殊教育教师的专门机构。改革开放后，为了培养高层次的特殊教育人才，国家开始在一些省份建立特殊教育师范学校（部、班），在部属师范大学建立特殊教育专业。1986年，北京师范大学教育系设立特殊教育专业，当年第一次在全国招收本科生。随后，华东师范大学等数十所大学相继建立特殊教育专业，一批特殊教育专业硕士、博士点也相应建立。

融合教育、早期干预、多重残疾儿童教育等发展飞快。各地政府对适龄残疾儿童义务教育优先考虑就近入学，要配置所需特殊教育教师，提供必要的经费保障，并有计划地在普通学校设立特殊教育资源教室。新修订的《残疾人教育条例》也明确指出，要"优先采取普通教育方式"。

扩大并改善幼儿特别是残疾幼儿的保育和教育，使他们的残疾状况或程度有所减轻，可以使他们的潜能得到开发，同时还可以预防第二种障碍或第二次障碍的出现。新修订的《残疾人教育条例》和《特殊教育提升计划》都明确指出，要"加大力度发展残疾儿童学前教育"，将残疾儿童学前教育纳入当地学前教育发展规划，列入国家学前教育重大项目。

特殊教育学校扩大招生规模和类型，依法接收残疾程度较重的残疾儿童入学，实现残疾儿童教育"零拒绝""全覆盖"，对那些不能到校就读、需要专人护理的适龄多重残疾或重度残疾儿童，采取送教上门等方式提供教育。

特殊教育的质量得到较大提升。提高残疾人的教育质量，课程的针对性、适宜性是需要考量的重要因素。相对于普通教育而言，特殊教育课程的适宜性更加重要。对于残疾学生来说，不是所有学生都需要开设相同的课程、学习相同的内容、采取相同的评价标准。残疾学生能够学习什么内容、达到什么样的标准主要还是由其能力来决定。因此，我国特殊教育更加重视残疾学生的课程适宜性，因材施教、因人而异，使每个残疾学生都能够得到更好的发展。

进入新时代，特别是2023年6月，中共中央办公厅、国务院办公厅发布《关于构建优质均衡的基本公共教育服务体系的意见》，文件进一步明确了基本公共教育服务的主要内容，强化政府保障责任，完善政策保障体系，织牢织密服务保障网，推进基本公共教育服务覆盖全民、优质均衡。对特殊教育提出三大任务：一是加强义务教育阶段特殊教育学校建设和普通学校随班就读工作，健全面向视力、听力、言语、肢体、智力、精神、多重残疾以及其他有特殊需要的儿童的特殊教育服务机制。二是坚持精准分析学情，全面建立学校学习困难学生帮扶制度。三是健全面向全体学生的个性化培养机制，优化创新人才培养环境条件。教育部、国家发展改革委、财政部随后联合印发《关于实施新时代基础教育扩优提质行动计划的意见》（以下简称《意见》），提出强化新时代特殊教育优质融合的发展目标，提出办好更加公平、更高质量特殊教育的若干重要举措，是进一步推进教育公平、切实保障广大特殊儿童青少年受教育权利的需要，更是促进残疾人全面发展和共同富裕、加快建设教育强国的需要，意义重大，影响深远。

特殊教育的扩优提质，就是着眼公共服务均等化，加快推进优质特殊教育，普遍惠及每一名特殊儿童青少年；就是着力发展素质教育，提升特殊教育育人质量，促进特殊人群的多元发展。到2027年，适龄残疾儿童义务教育入学率保持在97%以上。这是一个发展性目标，是对适龄残疾儿童义务教育阶段入学率已经达到95%的新期待；更是一个刚性目标，既要求巩固好已有的普及成果，更要为义务教育普及水平真正实现"一个都不能少"继续努力。措施为：一是扩充学位资源，实现"全覆盖"。我国实现了20万人口以上县"县县有特校"的保障任务。《意见》提出，鼓励20万人口以上的县办好一所达到标准的特殊教育学校，并要求20万人口以下的县要因地制宜设立特教班，实现特殊教育学校（班）县县全覆盖。二是扩大资源供给，实现"全学段"。《意见》以建设从幼儿园到高中全学段衔接的十五年一贯制特殊教育学校为抓手，加快特殊教育从义务教育向两头延伸，实现特殊学生基础教育全学段衔接，为终身学习奠定坚实基础。三是加快类型资源建设，实现"全谱系"。

融合教育的高质量推进，让广大特殊青少年儿童和普通青少年儿童在融合环境中相互理解尊重、共同成长进步，是特殊教育发展的重要方向，可以说，融合教育质量水平高低是特殊教育质量的重要"试金石"。

高质量融合教育要求有：一是学校提升课程规划和教学实施质量。课程是全部教育目标的载体，学校教育的育人功能主要依靠课程方案的设计与实施来体现。教学是学生素养发展的载体，德智体美劳全面发展主要依赖教学活动完成。必须全面落实课程方案和课程标准，遴选基础教育精品课，推进教学方式方法创新，实现对特殊学生的差异化教学，满足学生多样化学习需求，促进特殊学生全面且有个性地发展。二是要求教师提升育人能力和质量。要强化师范生综合素质和全面育人能力培养，加强教研支撑，以高质量的特殊教育队伍为特殊教育发展提供强大动力。三是要求专业部门提升特殊教育体系服务质量。要组织遴选融合教育示范区和示范校，推进国家、省、市、县、校五级特殊教育资源中心建设，充分发挥示范区、示范校的示范引领作用和各级特殊教育资源中心的专业指导作用。四是要求多方参与提升跨领域资源整合质量。大力推进特殊教育与普通教育、职业教育、医疗康复、信息技术深度融合，充分满足特殊学生接受普通教育、掌握一技之长融入社会以及接受优质适宜的医疗康复服务需求，并实现以数字化赋能提升特殊教育治理水平和育人质量。

实现目标要靠政府支持。政府的责任是加强对特殊教育事业的全面领导和统筹，为特殊教育优质融合发展提供坚强的支持保障。关键做到以下三点：一是强化普惠保障。必须坚持落实政府主体责任，加强统筹规划和条件保障，加大政策、资金、项目向特殊教育的倾斜力度，尽力而为、量力而行，不断加大财政投入力度，特别提出要优先将家庭经济困难的残疾儿童纳入资助范围，补助残疾学生特殊学习用品、教育训练、交通费等。二是强化标准引领。切实发挥评价指挥棒作用，用好学前教育、义务教育和特殊教育办学质量评价指南，推动各地完善质量评价实施方案，组织做好学校自评，以评促建，提升特殊教育办学质量。三是强化协同共育。办好特殊教育是全社会的共同责任。推动形成政府统筹协调、学校积极主导、家庭主动尽责、社会有效支持的协同育人格局，落实各方相应责任及沟通机制。

可以说，这个文件无疑吹响了新时代加快建设高质量特殊教育体系、推动特殊教育优质融合发展的号角。我们务必要充分认识把握特殊教育扩优提质的核心要义，将战略举措转化为切实行动，深耕细作、求实求效，真正让每一名特殊儿童少年都能感受到党和政府的温暖，都能有一个幸福美好的童年，为教育强国建设做出新的贡献。

但我们应该看到，特殊教育发展同时又遇到新挑战，主要在于：一是提升特殊教育普及水平难度加大。历史原因造成的教育资源不足；多类型特殊需要群体需要解决的问题多，难度不小而且也很突出；残疾儿童非义务教育发展基础比较弱。二是特殊教育支持保障体系尚不健全，尚未形成稳定的投入机制；特殊教育学校相对闭塞，实现高水平发展困难；普通学校和非义务教育阶段特殊教育学校缺少专门的经费标准和制度化支持；随班就读缺乏专业支持机制。三是特殊教育师资数量不足，待遇偏低，专业能力不强。师资配备标准，如特殊教育师生比、资源教师和相关专业人员不能满足实际需要；教师专业化水平整体不高；特殊教育师资培养质量需要提高等。四是教育教学针对性差，质量参差不齐。特别在特殊教育学校教材使用，课程资源开发与使用、教学评价以及其他残疾类型教育教学，如孤独症儿童的课程教材；数字校园、智慧校园等特殊教育信息化建设水平还比较落后。五是融合教育总体质量，特别是认识水平、支持保障体系和个别化教学能力等。

要破解特殊教育发展瓶颈，特别在教育资源、残疾类型、学段、办学条件、办学经费、教师队伍、融合教育、课程资源、教育评价、课程改革等各个方面需要大力改进，主要措施为：

（1）特殊教育服务群体进一步扩大，推进融合教育具有重要意义。要关注多类型特殊教育需要群体，加强孤独症等特殊儿童教育教学，优化孤独症儿童教育教学服务布局，积极探索符合各种各类特殊儿童的培养方式，做好"两头延伸"、康复与职业技能提升等开拓性工作。

（2）全方位、全体系深度推进融合教育。对适龄残疾儿童义务教育入学率达到97%，努力实现残障人士的全生命周期的终身教育。加强普通教育和特殊教育融合，推动职业教育和特殊教育融合，促进医疗康复、信息技术与特殊教育融合，强化融合教育的支持与保障体系。

在学校层面：融合教育管理、融合教育课程建设及教学、融合教育班级管理、融合教育文化环境建设、家校共育等提高融合教育质量、推进融合教育发展的内容。

在学生层面：通过科学评估、方案制订、环境创设、教学支持、融合成长及转衔辅导等促进残疾学生和普通学生融合发展，全面提升育人质量。

普通学校的责任：转变思想观念、加强支持保障体系建设、课程改革与评价改革、校园文化和舆论氛围。

特殊教育学校的责任：将特殊教育学校建成区域特殊教育指导

中心，大力推进融合教育。

（3）积极打造特殊需要学生的学习新生态。在制订差异化培养方案时，通过科学评估，针对性做好潜能开发、缺陷补偿方案；做到家庭与学校、普校与特校、学校与实习基地、线上线下的"随时随地学习"；对各类学习困难学生全面容纳和全方位支持，了解读懂新课标，完善培养目标，优化课程设置，聚焦核心素养，推动跨学科主题学习，突出实践育人功能，加强评价改革，优化教育教学培训，提高科研能力与水平。

（4）加强特殊教育资源配置，构建特殊教育专业支持网络。要因地制宜，合理配置特殊教育资源。鼓励在九年一贯制学校或寄宿制学校设立特殊教育班，提出大力推进国家、省、市、县、校五级特殊教育资源中心建设，合理布局孤独症儿童特殊教育学校等服务配置。优化课程资源建设，确保政治方向，确保内容严谨、准确，确保充分体现先进的教育思想和教育理念，确保内容符合不同年龄阶段不同类别残疾儿童的教育特点，确保适用、好用、够用，确保纵向衔接和横向协调。

（5）加强特殊教育保障。将义务教育阶段特殊教育生均公费经费补助标准提升至每生每年7000元以上，提升教育教学保障、师资保障、办学经费保障、学位保障、办学条件保障水平。

（6）营造尊师重教的良好风尚。需要建立专门的特殊教育教师资格，建立专业资质规范、专业成长道路通畅、专业能力一流的特殊教育教师和其他专门人才队伍。完善专兼职结合的人才机制，教育、医疗、康复的整合机制，教育事业、医疗康复事业、民政福利事业、残疾人事业的整合机制，人才的使用、流动和成长机制。做到培训工作经常化、制度化。大力弘扬教育家精神。

（7）要有更加完善的体系建设。这需要：①普及普惠、医教融通、学段融通、畅通便利的残疾人终身教育体系；②全面覆盖、系统集成、重点帮助、个别指导的特殊需要障碍学生学习支持体系；

③科学选拔、灵活多元、科教协同、全球视野的拔尖创新人才培养体系。

（8）要提供更加强有力的支持保障。这主要在于：年限不断延伸的免费教育；力度不断加大的资助；特教特办的人、财、物投入机制；不断提升的特殊教育师资队伍的职业吸引力。

全国教育大会要求：加快建设高质量教育体系，推动义务教育优质均衡发展，解决好人民群众关于教育的急难愁盼问题。加强高素质专业化教师队伍建设，提升教书育人能力，巩固好教育强国建设的重要根基。实现国家提出的更高质量发展目标，其重点是在融合教育的进一步普及，课程建设进一步加强，个别化教育和适宜水平进一步提升，教育管理活动更加充满活力，为学生出彩成材提供更多机会，使教师更有幸福感，家长更多获得感和满意度，与社会更加融合，育人质量更加符合国家发展需要。

新时代，新目标，给我们提出了非常重要的新任务。为此，本人与特殊教育同人一起根据新的"教育强国，特教有为"要求，专门编写出版一套《特殊教育丛书》，可以作为新时代特殊教育教材或研究参考指导，为高质量发展特殊教育，使每一个特殊儿童"有学上""上好学""能出彩"，为中华民族伟大复兴，早日实现伟大"中国梦"做出一份贡献。

国家社科重大招标项目　首席专家
浙江工业大学、南京特殊教育师范学院 特聘教授

2024年8月于杭州

序 言

作为一名致力于残疾儿童教育近四十年的特教工作者,当即将交付这本《孤独症儿童教育与教学》时,心中涌动的不仅是八年多来与晨星实验学校共同成长的记忆,更是一份沉甸甸的责任。这份责任,源于我的每一名学生的成长发展需求,源于我的每一名学生背后家庭的殷切期待,也源于孤独症教育领域对专业经验的迫切呼唤。

孤独症儿童教育,充满挑战却意义非凡。当我们在2017年创办北方第一所孤独症儿童教育学校时,面对的是一片亟待开垦的"教育荒漠"——当时国内既缺乏系统的课程框架,也鲜有本土化的实践模式。八年来,我与晨星团队从零起步,以"尊重差异、支持成长、全人教育、适宜发展"为核心理念,在无数次的课堂实践、个案追踪与团队研讨中,逐步构建起一套覆盖学前至义务教育阶段的兼具促进全面发展、改善核心障碍、挖掘优势潜能的孤独症教育课程体系。我们既借鉴国际的先进理念,更扎根于中国教育的土壤,将教育学、心理学与学生的特殊发展需要深度融合,将理论与实践有效结合,最终形成了这本凝结着晨星人集体智慧的作品。

本书的诞生,绝非简单的经验汇总,而是一场关于教育本质的深刻叩问。晨星教师团队的葛玉萍、张明宇、邵秀筠、种文文、吕晶、安然、李泽洋、颜琳、李梦枝、张艳利等老师参与了部分内容的编写,感谢他们的辛勤付出。书中呈现的每一个教案设计、每一份评估量表,都镌刻着晨星教师团队的实践智慧。本书第一章系统梳理了孤独症儿童的身心特征，包括认知、语言、情绪、社会性以及运动发展等独特规律，总结了他们的学习特点，打破"缺陷补偿"的单一视角，转而以尊重支持的理念重构教育目标；第二章聚焦于课程这一学校育人的主渠道，围绕培养目标、基本原则、课程结构以及课程目标与内容、课程实施与评价，做出了较为详尽的孤独症教育课程方案顶层规划；第三至第五章聚焦教育教学的实施，从教育评估、个别化教育计划应用到教学方法、教学组织与设计，运用理论与实践案例相结合的方式，揭示如何将评估、目标制订与教学策略动态链接。由于孤独症教育的复杂性远超常规教育，本书第六章从环境支持、教学支持、行为支持、社交沟通支持等四个方面，梳理出针对孤独症儿童的特殊需要及常见问题，学校和教师应为他们提供的专业支持举措，为解决孤独症儿童自伤、感知觉异常、特殊行为问题，提供了经过实证的解决方案。

尽管我们竭力追求专业性与实用性，但孤独症教育领域的快速发展仍让我们心怀敬畏。书中涉及的某些方法可能需要结合新时代技术手段进行优化，某些案例也可能因个体差异而需要灵活调整。我们诚恳期待同行们以批判性视角阅读本书，更欢迎在实践中提出改进建议。毕竟，推动孤独症教育事业的进步，需要全体教育人的共同努力。

最后，谨以此书献给所有辛勤工作在孤独症儿童教育岗位的同仁，献给永不放弃的孤独症儿童家庭，更献给那些以独特方式感知世界的孩子们。愿本书能成为一座桥梁，让科学的方法抵达更多学校与课堂；愿每所学校的星光，终将汇聚成照亮孤独症儿童未来的璀璨星河。

郑　芳

2024 年 12 月于青岛

目 录

第一章 孤独症儿童教育概述 （1）
第一节 孤独症儿童的身心特征 （1）
第二节 孤独症儿童学习特点 （13）
第三节 孤独症儿童教育理念 （15）
第四节 孤独症儿童教育安置形式 （22）

第二章 孤独症教育课程 （27）
第一节 培养目标 （27）
第二节 基本原则 （30）
第三节 课程结构 （32）
第四节 课程目标与内容 （36）
第五节 课程实施 （45）
第六节 课程评价 （46）

第三章 孤独症教育评估 （48）
第一节 评估方式 （48）
第二节 评估方法 （79）
第三节 教育评估的实施 （81）

第四节　教育评估结果的运用 …………………………（ 85 ）

第四章　孤独症儿童个别化教育计划 ……………………（ 88 ）
　　第一节　个别化教育计划的制订 ………………………（ 88 ）
　　第二节　个别化教育计划的实施 ………………………（ 95 ）
　　第三节　个别化教育计划的评价与修订 ………………（ 103 ）

第五章　孤独症儿童教学 …………………………………（ 107 ）
　　第一节　教学原则与方法 ………………………………（ 107 ）
　　第二节　教学组织形式 …………………………………（ 117 ）
　　第三节　教学设计 ………………………………………（ 127 ）

第六章　孤独症儿童的教育支持 …………………………（ 135 ）
　　第一节　环境支持 ………………………………………（ 135 ）
　　第二节　教学支持 ………………………………………（ 141 ）
　　第三节　行为支持 ………………………………………（ 159 ）
　　第四节　社交沟通支持 …………………………………（ 191 ）

第七章　教育合作 …………………………………………（ 198 ）
　　第一节　校家合作 ………………………………………（ 198 ）
　　第二节　社会合作 ………………………………………（ 203 ）

附录 …………………………………………………………（ 210 ）
　　附录1　集体教学课例及分析 …………………………（ 210 ）
　　附录2　小组教学课例及分析 …………………………（ 217 ）
　　附录3　个别教学课例及分析 …………………………（ 220 ）

第一章 孤独症儿童教育概述

孤独症谱系障碍(autism spectrum disorder,ASD)是一种广泛性神经系统发育障碍,其核心特征主要表现为社交沟通障碍、过分狭隘的兴趣和刻板重复的行为模式。[①] 据多项研究综合估算我国 0~14 岁孤独症儿童已超 200 万,对他们开展早期积极的干预和适当的教育事关几百万个家庭的福祉。[②] 我国学龄期儿童的孤独症患病率为 0.7%(1/142),男女比例约为 4∶1,且女性障碍程度较重。要对孤独症儿童开展适切的教育,首先要了解孤独症儿童的身心发展特点、学习特点和教育理念有哪些,孤独症儿童在我国的教育安置方式如何。本章将为读者解答这些问题。

第一节 孤独症儿童的身心特征

孤独症儿童身心发展与典型发育儿童相比,既有相似性,也有

[①] STURMEY P, DALFERN S. The effects of DSM-5 autism diagnostic criteria on number of individuals diagnosed with autism spectrum disorders: a systematic review[J]. Review Journal of Autism and Developmental Disorders, 2014, 1(4).

[②] 曹漱芹,沈晨波,杨晓芳. 孤独症学生学校教育:教什么、如何教——基于发达国家和地区"孤独症临床指南"的比较与分析[J]. 中国特殊教育, 2019(04): 54-60.

其特别之处，前者普遍存在身心发展的滞后，并伴随一些其他障碍。本节主要从认知发展、语言发展、智力发展、情绪发展、社会性发展、运动发展等方面介绍孤独症儿童的身心发展特征。

一、认知发展

认知主要是指人认识外界事物的过程。孤独症儿童在认知方面存在障碍，表现在语言理解、语言使用、情绪控制、行为表达、意图揣测等方面。认知发展障碍影响孤独症儿童对客观信息加工处理的结果，因此不利于孤独症儿童参与高级的社交活动。

（一）感觉与知觉

孤独症儿童的感官看起来并无异常，但他们使用感觉通道的方式却与典型发育儿童不同。由于孤独症儿童个体差异大，使得其感知觉发展特点难以一概而论，但他们在某些特定方面也展现出一定的共性，应当针对其感觉通道的劣势或优势进行个性化的康复与培养。

1. 视觉

（1）视觉优先。孤独症儿童大都有正常甚至出类拔萃的视觉空间能力，有的还有超凡的精细视觉加工能力。[①] 对于典型发育儿童来说极为隐蔽的、难以觉察的某些物体或特征元素，不少孤独症儿童却能洞察入微、一目了然。大部分孤独症儿童在听到的信息和看到的信息之间会优先选择看到的信息加以注意与加工，这也是在孤独症教学中使用视觉提示的主要原因。

（2）目光接触异常。孤独症儿童在与他人进行互动时，缺乏目光接触追视，即使有，持续时间也很短，多数只能维持2秒钟左右。

---

① 周念丽．自闭症谱系障碍儿童的发展与教育[M]．北京：北京大学出版社，2016．

许多孤独症儿童会把视线聚焦于物体的边缘，而不是物体的中心。

（3）面孔识别能力弱。与典型发育儿童相比，孤独症儿童更少注视面孔的内部特征，尤其是较少注视眼睛区域。① 孤独症儿童对于视觉呈现的面孔刺激并不敏感，对面孔与非面孔不能予以区别反应，在识别面孔身份和表情、理解面部线索的社交意义等方面存在困难。②

2. 听觉

（1）对环境声音敏感或迟钝。不少孤独症儿童对环境中的一些声音会极为敏感，甚至能听到典型发育儿童几乎无法听到的声音，对这些声音的反应也较为剧烈。对于典型发育儿童而言可能只是较为吵闹的环境，对孤独症儿童而言却是巨大的难以忍受的噪声环境。而另一部分孤独症儿童对声音却非常迟钝，即便有人在大哭、尖叫，也没有任何反应，依旧做着自己正在做的事情。

（2）声音信息分辨困难。对于大部分孤独症儿童而言，无法分辨哪些是需要注意的声音信息，哪些是需要过滤的声音信息，也就是无法区分有用的声音或无意义的噪声，因而不得不将注意力分散到听到的所有声音信息上，以至于造成超负荷声音信息输入。这或许可以解释孤独症儿童在注意力上的分散现象。

3. 嗅觉、味觉、触觉

（1）嗅觉敏感。有些孤独症儿童的嗅觉非常敏感，这也是导致一部分孤独症儿童有严重偏食行为的主要原因。有时他们依靠嗅觉而

---

① Pelphrey K A, Morris J P, McCarthy G, et al. 自闭症凝视障碍的神经基础[J]. 世界核心医学期刊文摘（神经病学分册），2005(09): 26-27.
② 王莞琪，杜梦，江俊，等. 自闭特质者跨通道视听情绪整合加工：来自ERP的证据[C]//中国心理学会. 第二十三届全国心理学学术会议摘要集（上）. 上海师范大学教育学院心理学系、上海师范大学音乐学院，2021: 2.

不是味觉判断是否吃某种食物,有些气味不是很大的食物在他们闻起来可能气味冲鼻,因此拒绝食用。有些孤独症儿童只上固定的厕所也与此有关。

(2)味觉异常。包括对某些味道敏感或不敏感,或者对特定味道的固执偏好,只喜欢特定的食物味道。还有研究表明,孤独症儿童识别酸味及苦味的能力较典型发育儿童差。① 这可能就是孤独症儿童与典型发育儿童相比只吃较少种类的蔬菜、水果或乳制品的原因。

(3)触觉异常。触觉异常分为触觉高敏、触觉低敏。触觉高敏的孤独症儿童不喜欢肢体接触或被触摸,不喜欢洗头、洗脸,也会拒绝新的特殊材质的衣服、鞋袜、手套等;② 有些孤独症儿童偏食也是与其口腔的触觉高敏有关。触觉低敏的孤独症儿童,表现为当家长抚触时,他们不容易将注意力转移至家长身上;③ 喜欢吸吮手指、咬指甲、玩沙子等。

4. 本体觉、前庭觉

(1)本体觉迟钝。本体觉迟钝,导致孤独症儿童不惧高,爬到高处甚至从高处跳下;喜欢被别人用力推、挤、压;力度控制能力差,上下楼梯动作很重、敲击东西用力过大、手有劲但不会用力抓握物品等;速度控制能力差,跑起来难以按指示停止、不会躲避小水

---

① KUSCHNER E S, BENNETTO L, YOST K. Patterns of Nonverbal Cognitive Functioning in Young Children with Autism Spectrum Disorders[J]. Journal of Autism and Developmental Disorders, 2007(37): 795-807.

② JUSSILA K, JUNTTILA M, KIELINEN M, et al. Sensory abnormality and quantitative autism traits in children with and without autism spectrum disorder in an epidemiological population[J]. J Autism Dev Disord, 2020(50): 180-188.

③ PICCARDIE S, BEGUM ALI J, JONES E J H, et al. Behavioral and neural markers of tactile sensory processing in infants at elevated likelihood of autism spectrum disorder and/or attention deficit hyperactivity disorder[J]. J Neurodev Disord, 2021(13): 1-18.

坑等。

（2）前庭觉失调。前庭觉失调常会导致错觉，如距离知觉、运动知觉等出现问题，使得部分孤独症儿童喜欢自转①，持续很长时间也不头晕，喜欢看、玩转动的物品；喜欢高处，会经常做出前后大摇大摆的动作；平衡能力差，走路东倒西歪、经常碰撞东西等。

（二）注意与记忆

1. 注意发展

注意是指心理活动或意识对一定对象的指向与集中。注意力是指心理活动指向和集中于某种事物的能力，或者是视、听、触、味、嗅五大信息通道对客观事物的关注能力。

（1）注意广度。孤独症儿童注意广度狭窄，往往只注意感兴趣的信息，而对其他信息视而不见，且更容易集中于细节而忽略整体。②

（2）注意转移和稳定性。孤独症儿童的注意稳定性与其对事物的喜好有关。对于喜欢的事物，他们常常会长时间专注，且在注意转移方面存在显著困难；而对于不喜欢的事物，其注意力则很难维持。

（3）共同注意。孤独症儿童共同注意的发展迟滞、出现频率低，他们经常无法追随他人视线或指点看向其他人或物体。孤独症儿童也很少用指点行为发起共同注意，而是使用"拉""拖"等行为来引起他人注意。

2. 记忆发展

部分孤独症儿童的机械记忆较好，尤其是语言发展好的儿童，

---

① MANSOUR Y, BURCHELL A, KULESZA R J. Central auditory and vestibule dysfunction are key features of autism spectrum disorder[J]. Front Integr Neurosci, 2021, 15: 743561.

② COURCHESNE E, TOWNSEND J, AKSHOOMOFF NAT ACHA A, et al. A new finding: Impairment in shifting attention in autistic and cerebellar patients[J]. Behavioral Neuro science, 1994, 108(5): 848-865.

机械记忆的优势更为突出。他们能背诵很多东西,比如地名、歌曲、诗词等。这部分孤独症儿童虽然具有机械记忆的优势,但对抽象的事物短时记忆较差,如对其他人的长相和名字的配合记忆较差。他们的情景记忆尤其困难,比如他们可以准确无误地说出一段故事、背诵许多古诗,但是如果问他们早饭吃了什么、周末去哪里玩了,他们却表现出像是这些事没有发生一样,较难给予回答。

(三)思维与想象

1. 思维发展

思维是人脑对客观事物概括的、间接的反映,它必须借助语言、词汇来表达,是一种高级的认识过程。思维与语言密不可分,思维是语言的内容,语言是思维的表达形式,二者相互影响、相互制约。部分孤独症儿童存在言语障碍,一定程度上也影响了其思维能力的发展。孤独症儿童的逻辑思维能力弱,很难具有举一反三的能力,因而会有语言表达能力和认知能力较弱的表现。孤独症儿童多凭借视觉图像来认知事物,因此其思维多是形象的。

2. 想象力发展

想象力是在头脑中加工、改组旧表象,创造出新形象、新思想的能力。想象力是人在掌握一定的知识面的基础上完成的。孤独症儿童缺乏想象力,很难理解物与物、人与物、人与人的相互关系,包括简单的空间关系;很难建立起站在他人角度、理解他人想法、预测他人行为的能力[①],不擅长整合、领会和处理与情境有关的信息;有一定的描绘能力,再造想象有一定发展,但有意识地创造想

---

① MINSHEW N J, MEYER J, GOLDSTEIN G. Abstract reasoning in autism: A dissociation between concept formation and concept identificaiton, Neuropsychology, 2002, 16(3): 327-334.

象却很难建立。

二、语言发展

语言是人认知世界和表达世界的方式与过程,不仅具有交际工具性,更具有认知工具性。由于认知发展有一定的障碍,使得孤独症儿童的语言发展特征表现为以下几点:

(一)语言理解

很多孤独症儿童仅理解字面含义,对其中的比喻、隐喻、抽象问题难以理解,更没有对隐喻的迁移能力①。有一定语言能力的孤独症儿童对谈话中的幽默、反语、讽刺等均不理解,能力较差的孤独症儿童则仅能理解单一的指令,但不能主动完成,而对多指令则直接不能理解。

(二)语言表达

1. 语音

孤独症儿童常展现出独特的语音特征,如语调平淡、缺乏韵律变化,语流不顺畅或分不清楚高低音,有时甚至出现突然的高声尖叫。

2. 语法

孤独症儿童在人际交往中经常会出现语法错误,如助词、名词复数、代词、介词等句法形态词或功能词存在省略现象。孤独症儿童的平均句子长度短于普通儿童。

---

① KALANDADZE T, NORBURY C, NAELAND T, et al. Figurative language comprehension in individuals with autism spectrum disorder: a meta-analytic review[J]. Autism, 2016, 22(2): 99-117.

3. 语用

孤独症儿童经常采取"鹦鹉学舌"或者"电报句"的方式与人沟通，例如：有人问"你叫什么名字"，他会重复说"你叫什么名字"。此外，孤独症儿童还常会出现词语的替代、歪曲、遗漏或添加的现象，一些孤独症儿童也会表现出自创的特异性语言，导致与其交流的对象无法识别或者无法理解其意图。有些孤独症儿童讲话总是以自我为中心，仅就其感兴趣的内容侃侃而谈，不在乎他人的感受，不需要他人做出反应，常常是"对人说话"，而不是"与人交谈"。

（三）非口语沟通

30%～50%的孤独症儿童无法以口语作为沟通方式[1]，而是以哭喊、手势或者肢体动作作为表达需求的工具和途径。但他们的身体语言常以不恰当的形式呈现，这使得他们难以通过非口语方式传达自己的情感和意图。

三、智力发展

孤独症儿童的智力发展情况比较复杂，表现出极大的多样性。有的患者可能在某些领域表现出色，如数学、音乐或艺术等领域，而在其他领域则存在困难，但约3/4的孤独症儿童存在智力障碍。[2]这种多样性使得每个孤独症儿童的智力发展轨迹都独一无二，并且他们智力的发展可能呈现出波动性，即在某些阶段可能表现出较高

---

[1] TAGER-FLUSBERG H, KASARI C. Minimally verbal school-aged children with autism spectrum disorder: the neglected end of the spectrum [J]. Autism Res, 2013, 6(6): 468-478.

[2] STURMEY P, DALFERN S. The Effects of DSM-5 autism diagnostic criteria on number of individuals diagnosed with autism spectrum disorders: a systematic review [J]. Review Journal of Autism and Developmental Disorders, 2014, 1(4).

的智力水平，而在其他阶段则可能面临挑战。

四、情绪发展

（一）情绪理解与表达

孤独症儿童在识别与表达情绪方面存在显著的困难。他们可能难以理解复杂的情感，如悲伤、焦虑或愤怒，并且难以用适当的语言表达自己的情绪。

（二）情绪调节能力

孤独症儿童对情绪的调节能力非常弱[1]，常出现大起大落的情绪变化。当进入陌生的情境、遇到不熟悉的人或者接触到新的物品时都有可能导致他们情绪的崩溃。[2] 当他们正在进行的事情被别人打断，或一直把玩的物品被别人拿走，他们会立刻从安静坐着转变为在地上打滚、哭喊，竭力想继续完成刚才进行的事情或是要拿回刚才的物品。

五、社会性发展

（一）同伴关系

孤独症儿童难以发起、回应和维持社交，这让他们难以建立伙伴关系。他们经常在自己的世界独处，难以主动发起游戏主题，即使他人发起游戏主题，他们也不懂得如何回应与参与。他们在玩玩具的时候，不懂得如何主动与人分享，即使有同伴向其分享玩具，

---

[1] NADER-GROSBOIS N, MAZZONE S. Emotion regulation, personality and social adjustment in children with autism spectrum disorders[J]. Psychology, 2014(15)：1750-1767.

[2] 彭婷婷，孙玉梅. 孤独症谱系障碍儿童的情绪调节障碍及干预方法综述[J]. 现代特殊教育，2024(16)：55-64.

也不懂如何接受。

（二）依恋关系

孤独症儿童存在依恋行为，但这种依恋更多地体现在生物心理层面，并且安全型依恋远少于典型发育的儿童。[①] 他们本能地认识到母亲或其他主要抚养者能够为自己提供必要的温暖、安全感和情感抚慰。在遭遇不适、紧张或恐惧等负面情绪时，他们会本能地寻求这些亲近的人的安慰，表现出一种原始的、本能的依恋倾向。但他们在互动行为上却显得不足。他们可能难以理解和回应他人的情感和社交信号，缺乏与他人建立深层次联系的能力。

（三）游戏技能

孤独症儿童在游戏技能的发展上落后于其他儿童，且表现出一些典型发育儿童少有的特点，如偏爱多感官刺激的、重复的、缺乏变化的玩法，缺少趣味性与创造性等。

1. 游戏方式

孤独症儿童的游戏行为通常比较刻板和机械。他们往往忽视玩具的功能性玩法，取而代之是转、甩、敲打、排序等玩法，例如反复地将积木排列或堆高，不停地转玩具小汽车的轮子等。除此之外，他们在游戏过程中的注意力普遍难以集中，注意力持续时间短，需要给予适当的辅助。

2. 独自与平行游戏

孤独症儿童偏爱独自与平行的练习性游戏。他们偏爱的游戏活动带有明显的可重复操作、可预测结果、固定顺序性、追求生理快

---

① 侯雨佳，邓猛. 国外孤独症谱系障碍儿童早期依恋特征及干预策略述评[J]. 残疾人研究，2018(01)：75-82.

感、创造性低、内容与形式单一等特点，并且较少或不需要语言交流和社交技能。在游戏过程中，他们往往很少根据物体的特性来玩，只是根据自己的喜好来做，如重复击打物体、盯着物体看等。

3. 表征性与社会性游戏

表征性游戏更侧重儿童假想、想象、装扮能力，而社会游戏更重视儿童与他人互动、合作的能力。

孤独症儿童缺乏进行自发的表征性游戏的能力。虽然部分孤独症儿童能够进行以物代物，但他们很少进行表征性游戏，即使出现，也常常仅表现出固定的、反复性的玩法，而缺少典型发育儿童想象的、创造的、时常改变的与别人互动的玩法。在游戏中获得愉悦感也较少。

孤独症儿童常见的社会性游戏是与成人或同伴追逐打闹。在其他类型的社交性游戏中，他们往往选择自己玩，不主动与他人交流，对于他人的加入，他们往往不予理睬，表现出无所谓的态度。少部分孤独症儿童还会以尖叫等方式拒绝他人的加入。

六、运动发展

（一）粗大运动

孤独症儿童普遍面临运动技能上的挑战，尤其在控制物体和保持平衡方面更为显著。[①] 比如，将沙包抛向他们时，他们往往会显得"惊讶"，难以迅速调整位置去接住沙包。同样，在抛沙包时，他们也无法根据沙包的高度、方向或力度来适当调整双脚的位置，从而

---

① 张瑜，陈楚杰. 孤独症谱系障碍患儿的运动技能障碍与语言功能的相关性分析[J]. 中国听力语言康复科学杂志，2024，22(05)：540-544.

完成任务。他们在姿势控制上较为困难,运用视觉策略的能力也较弱。①

(二)精细运动

孤独症儿童在精细运动方面也常表现出明显的障碍,这直接影响了他们的日常生活和学习。

手眼协调困难:孤独症儿童在进行手眼协调的活动时,如穿针引线、搭积木等,常表现出笨拙与不协调。这可能与他们的大脑对视觉和手部运动的整合能力受损有关。

手指运动不灵活:孤独症儿童的手指运动能力较弱,可能难以完成抓握、捏取等精细动作。他们可能会出现手指弯曲、抓握物品困难的现象。

书写困难:由于精细运动技能障碍,孤独症儿童在书写时可能难以控制握笔力度和姿势,导致字迹潦草、笔画歪曲等问题。

(三)运动核心稳定性

运动核心稳定性指在运动中控制骨盆和躯干部位肌肉的稳定姿态,为上下肢运动提供支点,并协调上下肢的发力,使力量的产生、传递和控制达到最佳化。② 从观察走路步态、平衡木行走以及交替半跪等动作的完成情况中,不难发现部分孤独症儿童在核心稳定性控制方面存在显著挑战。他们中有的展现出"轻微剪刀步"的特征,行走或奔跑时显得"摇摆不定"。孤独症儿童在运动规划及执行层面、

---

① ZAMPELLA C J, BENNETTO L, HERRINGTON J D. Computer vision analysis of reduced interpersonal affect coordination in youth with autism spectrum disorder[J]. Autism Research, 2020, 13(12): 2133 – 2142.

② 王梅. 孤独症儿童课程与教学设计: 兼论特殊教育的课程[M]. 北京: 北京大学出版社, 2014.

综合性运动协调与控制方面面临诸多难题，动作显得笨拙，对于动作反馈的接收与调节异常艰难，且完成运动计划的能力尤为薄弱。

第二节　孤独症儿童学习特点

一、学习动机

（一）学习动机薄弱

孤独症儿童通常缺乏明确的学习动机，这可能与他们存在社交障碍和兴趣狭窄有关。他们往往对周围的事物缺乏兴趣，只对自己认为有趣的事情表现出高度的积极性，对其他事情则漠不关心。这种缺乏学习动机的状态，使得他们在学习过程中难以保持持久的注意力和专注力。

（二）依赖外部提示

孤独症儿童在学习时需要依赖外部的提示或辅助，才能完成某项教学活动或指定任务，这可能与他们的理解和思考能力不强以及执行能力薄弱有关。孤独症儿童需要他人的引导和支持，才能逐步理解并掌握知识。

（三）受情绪和行为的影响

孤独症儿童对情绪的控制能力较弱，常出现大起大落的情绪变化。当遇到不感兴趣或难以理解的学习内容时，他们可能会表现出焦虑、烦躁或抵触的情绪。这些情绪会进一步影响他们的学习动机和学习效果。

二、学习风格

典型发育儿童认知事物倾向于从整体到局部，从概念到细节；而孤独症儿童则相反，他们首先关注的是物体的细节和局部，然后逐步进行整合，甚至有的孤独症儿童停留在局部认识阶段，这使他们对细节的记忆更加清晰，而对整体的感知较弱。

孤独症儿童的世界多是由一个个的独立小节所组成，他们不能将不同的事物组合或联系起来而形成有意义的概念，亦未能明白事物背后形成的原因及彼此关系。他们未能从生活经验中学习到事物的相关性，这都造成了他们的认知困难。

三、学习中的特殊需要

（一）存在认知偏好

部分孤独症儿童被认为是视觉化思考者，能利用视觉记忆存储、收集、处理信息。孤独症儿童的视觉辨别及记忆学习要优于听觉的辨别及记忆，也就是说，孤独症儿童对看到的东西比听到的内容更容易理解，更容易记住。同时又考虑到孤独症儿童在学习上的诸多困难，比如由于存在言语障碍，听不懂、记不住较为复杂的内容，理解不了教师及家长的需求，对非口语信息（面部表情、手势等）在接收时常常出现困难，很难从他人面部表情或手势这些帮助理解的线索上获得信息，多数孤独症儿童在学习字词句等方面也有特殊困难。

（二）执行功能

执行功能障碍是孤独症儿童组织能力较弱的外在表现，这导致他们在面对一件刺激性事件时，往往很难控制自己的冲动，难以抑制自己的行为反应。执行功能障碍的背后是他们心理理论的缺失，即理解和推测他人的心理状态的能力不足,导致其心理预测能力较弱,无法依靠周围环境的线索、手势、身体动作、面部表情等推断他人的心理状态,因此不利于学习活动的进一步开展。

(三)维持泛化

孤独症儿童新技能的维持和泛化通常比较困难,需要进一步的复习和练习支持。当已掌握的技能达到熟练的程度或达到既定掌握标准,但后续如果缺乏复习或练习,这些精熟技能很容易出现倒退甚至遗忘。

技能的泛化困难体现在多方面。有些孤独症儿童不能在新场景下使用新习得的技能,比如他们可能在学校对教师的呼名做出反应,但是在商场或者超市这些环境较为嘈杂的地方,对自己名字的反应不敏感。还有些孤独症儿童的泛化困难体现在新材料的使用上,比如刚习得给衣服拉拉链这一技能,但是在换了一种材质或样式的拉链后,他们就会遇到困难,难以举一反三。

了解了孤独症儿童的学习特点,才能更加理解孤独症儿童在日常生活和学习生活中的困难所在,也知道了该用什么方式去指导孤独症儿童学习。指导者要充分尊重他们的人格,充分顾及他们的兴趣爱好和基本情感,深入了解他们的内心世界,善于观察他们的行为特征,理解和包容他们的不适当行为,用爱促进孤独症儿童身心的全面康复。

第三节　孤独症儿童教育理念

孤独症儿童教育,既要遵循普通教育规律,又要从孤独症儿童的障碍特点、身心发展特点出发,满足其特殊教育的需求。教师不仅要改善其核心障碍，教授其知识技能，更重要的是使其在认知、情感、意志等方面均衡发展，培养其健全人格，最终使其实现融入社会生活的目的。因此，孤独症儿童教育的理念与普通教育相比，既有共性也有其特殊性。

一、教育的基本理念

（一）以人为本

以人为本的教育理念，强调教育公平，确保每个孤独症儿童的生命和教育需要得到尊重，每个孤独症儿童能享有平等的教育机会和资源；强调以孤独症儿童作为教育的核心，关注其全面发展和个性潜能的挖掘，每个孤独症儿童都是独一无二的，拥有各自的兴趣、特长和潜能，应当尊重他们的差异，为其提供个性化的教育方案；倡导培养孤独症儿童的学习兴趣和学习能力，提高其自主学习的动力，积极主动地探究和发现知识。总之，以人为本的教育理念，把对孤独症儿童的尊重、理解、爱护和发展贯穿于教育的全过程，关注个体的现实需要和未来发展。

践行以人为本的教育理念，要求教师将每个孤独症儿童作为教学主体，根据其发展水平、需求和兴趣，为其量身定制教育方案，提供个性化学习资源和支持，发展其知识技能和兴趣特长；还应创设多样化学习场景，如实景教学、劳动实践、社区融合等，帮助孤独症儿童适应生活，融入社会。

（二）因材施教

因材施教的教育理念，强调教育的个性化和差异化，旨在通过深入了解孤独症儿童、设定个性化教育目标、设计个性化教学内容、灵活调整教学方式，为每个孤独症儿童提供适合的教育，其核心是针对每个孤独症儿童的独特性、兴趣、能力和需求，进行个性化的教育指导。

践行因材施教的教育理念，要求教师：一要充分了解每个孤独症儿童，包括他们的兴趣、性格、能力水平、潜能等；二要根据孤独症儿童的个人特点和能力水平，设定适合的教育目标，目标应既有挑战性，又有可行性，保障和激励其不断发展和进步；三要根据每个孤独症儿童的教育需求和兴趣等，选择或设计个性化的教学内容、方法和活动，激发其学习兴趣，提高其学习主动性和积极性；四要根据孤独症儿童的实际需要，灵活地调整教学方式和策略。

（三）循证实践

循证实践的教育理念，强调以证据为基础进行实践，要求教师参考和利用经过科学验证和实证研究的最佳证据（如有效的教育策略、教学方法和评估工具）来指导教学实践；鼓励教师将最新的研究证据、自身的专业知识经验以及孤独症儿童的实际需求相结合，制订出最适宜的教育方案。循证实践有助于提高教育的针对性和有效性。

践行循证实践的教育理念，要求教师：一要不断学习和更新自己的知识和技能，以便获取和评估最新的研究证据；二要对教育实践进行持续的反思和改进，以不断提高教育的质量和效果；三要以学生为中心，关注个体差异，根据学生的实际情况和反馈，灵活调整教育策略和方法，以满足学生个性化学习需求。

（四）社会融入

社会融入的教育理念，体现孤独症儿童教育的目标和结构，是通过教育手段帮助孤独症儿童改善社会交往与沟通障碍，掌握一定的知识与技能，提高生活适应能力和社会参与度，发展爱好和优势潜能，逐步使其融入社会。社会融入包括孤独症儿童在学校（班级）、家庭、社区生活的融入。通过相关课程体系的构建与实施，为孤独症儿童提供必要的社会融入技能的支持，使他们作为家庭、学校（班级）和社会的一分子，都有参与家庭、校园及社区各项活动和实现自我价值的机会和能力，增强自我效能感和社会归属感，进而融入社会生活。

二、教育的基本原则

随着科学研究的不断深入和社会观念的转变，人们逐渐认识到可以通过教育和支持来帮助孤独症儿童实现障碍改善和潜能发展。要有效开展孤独症儿童教育，了解和遵循孤独症儿童教育的基本原则就显得尤为重要。

（一）社会需求与个人发展相结合

在孤独症儿童教育过程中同时关注社会的需求和个人的发展，以实现孤独症儿童的个性发展、全面发展及社会融入，充分体现了对孤独症儿童的人文关怀。

社会参与是每个人在社会生活中不可或缺的一部分，对于孤独症儿童来说也是如此。关注其社会需求，就是要帮助他们学会与他人合作、理解他人情感、掌握社交技巧和融入社会生活的基本知识与技能等，从而提升他们的社会适应和参与能力，更好地融入社会。

个人发展是每个人的基本权利，孤独症儿童也不例外。孤独症儿童的个体差异大，注重个人发展，就是要实施个别化教育，以支持他们的个人成长和发展。相应的教育目标就需要根据个体的特点、兴趣、能力等制订，为其提供个性化的教育，培养优能、发掘潜能、提升自我管理能力等，使之成为更独立自主的个体。随着社会的发展，孤独症儿童的特殊才能或技能（如艺术设计、编程等）会在越来越多的职业中发挥作用。

通过将社会需求与个人发展结合起来,培养孤独症儿童与社会环境及他人的互动和融合,可以更好地满足其发展需求,发展其潜能及社会责任感,更有助于其融入社区、参与社会生活,建立良好的社交关系。在设定孤独症儿童的培养目标时,要充分考虑社会的期待和要求,平衡社会需求和个人发展实际,培养其遵守规则、与人合作、表达情感、解决冲突等社会技能,使其能够更好地融入社会生活。

(二)障碍改善与潜能开发相结合

关注孤独症儿童的障碍改善,同时要最大程度地发展孤独症儿童的优能、潜能,帮助他们实现能力补偿、障碍改善和全面发展。

孤独症儿童除了社会交往和沟通交流障碍、兴趣狭窄及重复刻板行为的核心障碍外,还存在言语和语言认知障碍、情绪行为障碍、注意力持续时间短等问题,障碍特点复杂且个体差异大。需要采取特殊的教育支持和教育策略,如制订个别化教育计划、使用辅助沟通技术和工具、开展个别化教学等,帮助他们改善障碍补偿能力。

仅仅关注障碍改善还不够,潜能开发也应是孤独症儿童教育的重要组成部分。每个孤独症儿童都有自己的潜在优势领域和独特兴趣爱好,如有的爱画画、色彩搭配能力强,有的音乐感受能力突出,有的记忆力突出,有的对数字比较敏感等。需要针对其特点和能力,帮助他们发展爱好,开发潜能。潜能开发不仅有助于提升孤独症儿童的自尊和自信,还能为他们未来的学习与职业发展奠定良好的基础。

障碍改善与潜能开发相结合,可以真正满足孤独症儿童多元发展和全面发展的需求,使他们在认知、生活和社交等方面取得更好的进步和发展;还可以激发孤独症儿童的自信心和自尊心,使他们

更加积极地面对生活中的挑战，更好地融入社会，实现自我价值。

（三）把握共性与尊重差异相结合

强调教育过程中既要关注孤独症儿童的共性特征，又要尊重其个体差异，为他们提供平等、全面、有针对性的教育支持，创造包容、多元的学习环境，以实现最佳教育效果。

孤独症儿童的共性特征比较明显，如社交沟通障碍、刻板行为、视觉学习优先、情绪行为问题等。了解和把握这些共性特点，有助于教育者有效地设计和实施教育方法，以实现更好的教育效果。例如，教师要重视社交技能训练，教授孤独症儿童与他人交流和互动的技巧；教师可以使用视觉结构化教学的方法，给孤独症儿童提供明确的指导和提示，帮助他们理解和处理信息等。通过抓住共性需求，可以为孤独症儿童提供适当的教育支持，帮助他们克服困难，提高学习效果。

孤独症儿童的个体差异大，他们每个人都有自己独特的需求，有着不同的学习风格、兴趣爱好、认知能力水平和优势领域。教师要尊重他们的个体差异，采用个性化的教学策略和支持措施，如调整学习环境，提供适配的学习材料和工具，以及针对他们的偏好和能力（如对刺激的敏感性、对结构和顺序的依赖性、对重复和例行的喜好等）制订个别化学习计划，减少干扰因素，增加预测性和连贯性，提供清晰的指示和反馈等，更好地满足他们的学习需求，促进他们的个性发展。

（四）学校教育与家庭教育相结合

孤独症儿童的生活与学习主要在学校和家庭两个环境中进行。在教育过程中，学校和家庭要相互配合，形成教育合力，为孤独症儿童提供全方位的支持和帮助，共同为其创造一个连贯一致、支持包容的教育环境，以实现其最佳学习效果和全面发展。

学校教育从总体上落实立德树人根本任务，为孤独症儿童提供系统、规范的教育康复和管理，帮助他们系统掌握必要的知识技能（包括生活、劳动、语文、数学、音乐、美术、体育等）和生活规则，改善核心障碍（学习如何与人交往、沟通，如何管理和调控情绪，如何进行感觉统合调整改善身体状况等）、发展爱好、挖掘潜能等。培养他们具有较好的行为习惯和健康的生活方式，不断提升其社交沟通能力、社会适应能力、自我管理能力、自主学习能力和休闲娱乐能力；使其具有初步的社会公德意识与法治观念，具有基本的文化知识、一定的生活技能与劳动技能，成为能够适应社会生活的公民。

家庭教育能根据孤独症儿童的个体差异和需求，提供更为个性化和灵活的教育支持，帮助他们更好地适应生活和学习。家庭教育能充分利用家庭环境的各种资源，包括家庭成员、亲戚朋友、社区资源等，为孤独症儿童提供更为全面和实用的教育支持。家庭教育能通过亲子间的密切关系，使孤独症儿童感受到家庭的温暖和支持，增强他们在情感方面的满足感和安全感。家庭教育能为孤独症儿童提供更为充足和多样化的教育支持，包括文化娱乐、兴趣爱好、情感支持等方面。① 孤独症目前是不可治愈的疾病，学校教育虽有终点，而家庭教育将伴随其一生。

要实现学校教育与家庭教育相结合，家校首先要建立有效的沟通机制和沟通渠道，其次要明确各自的教育职责，家校互相配合，教育方法、策略和理念保持一致，合力完成教育计划，提高教育效果。

---

① Ashcroft W, Argiro S, Keohane J. Success Strategies for Teaching Kids With Autism[M]. Taylor and Francis：2021-10-08.

第四节　孤独症儿童教育安置形式

目前，我国孤独症儿童教育安置形式主要分为三类：一是孤独症学校(部)及特殊教育学校等专业化环境，其中包括孤独症教育专门学校，特殊教育学校以培智学校为主开设单独的孤独症班或与其他残疾儿童(主要是智障儿童)混合编班；二是随班就读形式，包括普通学校的普通班、特殊班以及资源教室；三是送教上门，部分时间的机构训练或部分时间的专业人员入户训练。①

一、孤独症学校(部)及特殊教育学校等专业化环境

在孤独症学校(部)或特殊学校就读的孤独症儿童，多为中重度、智商通常低于75且同时患有其他残疾的多重残疾、低功能孤独症儿童，他们需要一个高度结构化的物理环境，以及由多学科专家组成的团队来提供综合、系统且密集的教育干预。

(一)专业人员组成

1. 专业教师

具备特殊教育的知识和技能，能够根据孤独症儿童的具体需求制订和调整教学计划。

2. 心理教师

负责评估儿童的心理发展状态，提供心理支持和干预措施。

---

① 胡晓毅，范文静．我国学龄孤独症儿童教育安置形式的思考[J]．教育学报，2016(06)：70－77．

3. 物理治疗师

通过物理手段帮助儿童改善运动功能和协调性。

4. 作业治疗师

通过设计特定的活动来帮助儿童提高日常生活技能。

5. 言语治疗师

专注于提高儿童的沟通和语言能力。

6. 保健医生

负责儿童的健康管理和疾病预防。

（二）教学形式多样化

1. 个别化教学

针对每个儿童的具体需求进行一对一的辅导。

2. 小组教学

将具有相似需求和能力的儿童组成小组进行教学。

3. 集体教学

在更大的班级中进行教学，培养儿童的社交能力和集体意识。

二、随班就读

随班就读不仅有助于孤独症儿童在社交、语言和认知等方面得到全面发展，还能培养他们的独立性和自信心。同时，随班就读也促进了普通学生对孤独症儿童的理解和接纳，有助于构建一个包容和友善的校园环境。

普通学校的随班就读形式又包括三种安置形式，即普通学校的普通班、特教班以及资源教室，主要针对的是轻度、智商一般在75以上的高功能孤独症儿童，他们在学业上接受教师的专业辅导与

补救。

(一)随班就读的挑战

1. 社交技能障碍

孤独症儿童在社交互动方面存在困难,可能难以理解和回应他人的情感和行为。

2. 行为问题

部分孤独症儿童可能存在焦虑、冲动或刻板行为,这会影响他们的课堂表现和同伴关系。

3. 学习差异

孤独症儿童在学习方式和速度上可能与普通学生存在差异,需要个性化的教学支持和调整。

(二)随班就读的支持策略

1. 个性化教育计划

为孤独症儿童制订个性化的教育计划,包括学习目标、教学方法和评估方式等。这有助于确保他们能够在适合自己的节奏和方式下学习。

2. 专业师资支持

配备具有特殊教育知识和经验的教师或资源教师,为孤独症儿童提供有针对性的教学支持和辅导。这些教师可以帮助孤独症儿童理解课堂内容,解决学习困难,并促进他们的社交技能发展。

3. 同伴支持

鼓励普通学生与孤独症儿童建立友好的同伴关系,通过小组活动、合作项目等方式促进他们的互动和交流。这有助于孤独症儿童更好地融入班级和校园环境。

4. 家长参与

邀请家长参与孤独症儿童的教育过程，了解他们的学习进展和困难，共同制订解决方案。家长的参与和支持对于孤独症儿童的成长和发展至关重要。

5. 社会支持①

争取社会各界的支持和关注，为孤独症儿童提供更多的教育资源和机会，包括政府部门的政策支持、教育机构的合作以及社会组织的援助等。

三、送教上门

送教上门是我国对重度残疾儿童少年实施教育的一种特殊方式，由普通学校或特殊教育学校派出教师到家中提供教学和相关康复训练服务。送教上门遵循家庭自愿、定时入户、免费实施的原则，其教育对象纳入学籍管理。②

具体工作要求包括：

(一)身心评估

全面了解儿童的身体状况、心理特点、认知水平、语言能力、社交技能以及日常生活自理能力等方面的情况，使教师和家长准确把握儿童的优势和不足，从而制订出更加科学、合理的个性化教育计划。

(二)学科教育与康复训练

送教上门的教学内容主要有三大模块：①功能性学科，其中主

---

① 孙颖蕴.生态系统理论视野下随班就读孤独症儿童的支持策略探索[J].现代特殊教育,2022(23):67-69.
② 朴永馨.特殊教育大辞典[M].北京:华夏出版社,2014.

要涉及生活语文、生活数学、生活适应;②技艺类课程,主要涉及手工与绘画、信息技术、律动、劳动技能;③缺陷康复及补偿训练,主要涉及言语康复、感统训练、动作康复等。① 其中应以"生活适应教育、德育、劳动技术教育、康复治疗"等为主。②

(三)家庭教育指导

送教工作不仅仅是为学生提供服务,更重要的是与家长沟通、向家长传授科学的家庭康复知识和教育技巧、与家长共同制订个性化的家庭干预计划、提供心理疏导服务等。为家长提供家庭教育指导,家校合力更能形成良好的送教成效。

---

① 刘淼.送教上门服务体系在特教学校中的实践与反思——以长春市二道区育行特殊教育学校为例[J].贵州工程应用技术学院学报,2018,36(05):157-160.

② 王成柱.我国开展送教上门工作的困境与出路[J].绥化学院学报,2019,39(01):117-120.

第二章　孤独症教育课程

学校育人的主渠道是课程。孤独症儿童教育起步晚，目前没有国家颁布的相关课程方案和课程标准，开展教育工作困难比较大。孤独症儿童与典型发育儿童相比，有其共性也有特性。孤独症儿童首先是儿童，然后是有特殊教育需要的儿童。在孤独症教育实践中，依托、参照国家课程方案和课程标准，同时满足孤独症儿童的特殊教育需求，进行孤独症教育课程规划和实施，是遵循教育规律的选择。

第一节　培养目标

全面贯彻党的教育方针，坚持立德树人根本任务。遵循特殊教育规律，以适宜融合为目标，聚焦孤独症儿童的关键能力的培养，在厚植爱国主义情怀、加强品德修养、增长知识见识、增强综合素质、培养意志品质、改善障碍补偿缺陷、挖掘潜能等方面上下功夫。促进孤独症儿童自尊、自信、自强、自立，在德智体美劳上实现最大限度的发展，努力使孤独症儿童成长为国家有用之才。

孤独症儿童的关键能力包括生存能力、学习能力和社会能力三个方面。① 其中生存能力指个体为了保存和发展自己，在对自己的生存环境和条件进行适应、利用、斗争、创造时所表现出来的综合能力，涵盖"健康"和"生活"两个二级指标；学习能力指能在复杂多变的环境中自觉运用一系列认知与非认知策略解决复杂问题的能力，涵盖"认知"和"学习品质"两个二级指标；社会能力即个体进行社会交往和应对社会环境的能力；涵盖"游戏""沟通""人际"和"群处"四个二级指标。具体目标如表2-1所示。

表2-1 孤独症学生的关键能力

一级指标	二级指标	三级指标	具体表现
生存能力	健康	处理与感觉有关的问题	能对外界输入的感觉刺激有适当的反应和耐受度；能表达感觉偏好或其他感觉需求；能管理感觉过敏、过度寻求特定感觉等异常问题
		灵活、协调地执行身体动作	能完成基本的粗大动作（跑、跳等）；能完成基本的手部操作动作（抓、握等）
		认识与调节情绪	能辨识和理解情绪；适当表达和回应他人的情绪；能控制情绪，管理自身的挑战性行为等
	生活	自我照料	能恰当处理饮食问题、整理衣物、保持仪容卫生、进行健康管理等
		独立生活	能恰当处理居家生活问题；能进行适当的休闲活动；能参与社区生活；能进行自我决策等

---

① 曹漱芹.关键能力导向的孤独症学生融合教育新范式及课堂教学实践[J].中国特殊教育，2023(8)：85-96.

续表

一级指标	二级指标	三级指标	具体表现
生存能力		处理青春期相关问题	能觉知身体性征；能保持适当人际距离；能应对和处理青春期的变化和挑战等
学习能力	认知	具有一定的认知灵活性	能灵活进行人、物、情境和活动的注意切换；能从刻板兴趣中拓展并发展出多元兴趣；能适应环境的变化或转换等
		积极发展思维能力	能发展出比较、归类、推断、问题解决、计划等能力
	学习品质	对学习有兴趣，积极参与学习活动	能维持学习动机，包括专注、坚持完成任务等
		组织自身学习活动	能参与协商学习任务、安排和反思自己的学习活动等
社会能力	游戏	具有一定的模仿能力	能跟做拍手、跺脚以及更复杂或精细的肢体活动等；能模仿发出语音、字、词语、句子等
		开展有功能意义的独自游戏	能具有玩具探索能力；能进行组合游戏、因果游戏、功能游戏、象征游戏等
		参与社交游戏	能进行平行游戏、联合游戏、合作游戏等
	沟通	用非语言方式与他人沟通	能用手指的方式表达自己想要的物品，用图片表示自己的意图和想法等
		倾听并理解常用语言信息，有恰当回应	能对生活中的常用语言信息，如问好、开关门等内容做出恰当反应

续表

一级指标	二级指标	三级指标	具体表现
社会能力	人际	表达需求、想法和评论	能对想要或想拒绝的物品、活动等提出自己的要求，或者说明或者解释如何做某件事等
		进行交互式语言	能就某一个话题或者主题比如"去游乐园"等进行基本的对谈
		理解和推断他人的想法、意图和感受	能通过他人的眼神、语言等理解并推断他人的想法、做法；能推论错误信念等
		与他人建立并维持稳定的关系等	能与他人和谐相处，有固定的朋友或者交际圈等
	群处	参与群体活动	能辨识、理解和遵守群体规则，包括愿意为集体做事
		有一定的社会责任感和归属感	能表现出积极的亲社会行为，热爱自己的社区、家乡、祖国等

第二节　基本原则

一、坚持立德树人

构建德智体美劳全面培养的课程体系。贯彻新时代党对特殊教育的新要求，坚持德育为先，提升智育水平，加强体育美育，落实劳动教育。系统设置课程，完善课程类别与结构，优化科目的课时比例，确保"五育"融合，促进学生健康、全面发展。

二、坚持因材施教

为每一位适龄孤独症学生提供适合的学习机会。把握学生身心发展的阶段特征，注重课程衔接，打好共同基础。关注学生差异，适当增加课程的选择性，课时的灵活性，组织的多样性，进而提高课程适宜性，促进学生适性发展。

三、聚焦关键能力

依据学生的终身发展和社会发展需要，把握平等、融合、共享的价值导向，明确育人目标，加强正确价值观引导，塑造良好品格，聚焦关键能力培育。精选课程内容，注重培养学生的社会生存能力、学习能力、实践和创造能力，为未来赋能。

四、变革育人方式

加强课程与生产劳动、社会实践的结合，充分发挥校、家、社协同育人、社会实践育人的独特功能。加强多方协同、行知合一、学思结合，倡导"做中学""用中学""学中创"。优化综合实践活动实施方式与路径，推动新时代背景下学习环境与方式的变革。

五、加强课程综合

加强课程内容与学生经验、社会生活的联系，强化学科内知识整合，统筹设计综合课程和跨学科主题学习。加强综合课程建设，完善综合课程科目设置，注重培养学生在真实情境中综合运用知识解决问题的能力。开展跨学科主题教学，推进信息工程与科学技术实践，强化课程协同育人功能。

第三节 课程结构

一、课程类别

以现有国家指南、地方课程方案为参照,在此基础上调整、拓展、补充满足孤独症学生个体需求的校本化课程,将国家、地方课程校本化实施为基础性、支持性、拓展性课程三大类。

(一)基础性课程

基础性课程为必修课程,该类课程是基于教育部印发的《义务教育课程标准(2022版)》(以下简称国家课标)和《培智学校义务教育标准(2016版)》(以下简称培智课标)相关要求而设定的一类课程。该课程既保障国家课标的有效落实,又根据孤独症儿童的实际情况进行校本化调整,实现国家对"培养什么样的人、怎样培养人"的统一规划、要求,同时保障孤独症儿童德智体美劳全面发展最基本的教育需求。

(二)支持性课程

支持性课程以选修课程为主,该类课程是专为孤独症儿童设计的康复类课程,旨在对其核心障碍和伴随问题提供教育康复支持,同时满足他们的个性化需求。这些课程涵盖社交沟通、感觉处理以及情绪行为等多个领域。

(三)拓展性课程

拓展性课程是选修课程,该类课程通过培养孤独症儿童的优势既能满足其多元化发展需求,又能树立其自信心,促进其自我意识的发展和生活质量与生命质量的双提升，使其更有价值地参与社会生活，同时有更多机会成为对社会有用的人。

二、科目设置

(一)基础性课程科目设置

基础性课程设置语文、数学、科学、体育与健康、道德与法治、艺术、劳动、信息科技、综合实践等科目。有关科目具体开设要求说明如下：

语文、数学、体育与健康、道德与法治、劳动一至六年级全学段开设。

科学、信息科技在三至六年级开设。

艺术在一至六年级开设，以音乐和美术为主，其中音乐学科应按照学生需求融入唱游、律动、舞蹈、乐器演奏等相关内容，美术学科应包含绘画、工艺、设计等相关内容。

综合实践活动侧重跨学科综合学习、社会实践。一至六年级开展班团队活动，内容由学校安排。

(二)支持性课程科目设置

支持性课程可根据孤独症学生的特殊康复需求设置社交沟通类、感知觉类、情绪行为类、认知类等课程科目。学校可依照学生需求进行规划设置。原则上不同课程科目可仅面向部分年级、学生开设。

(三)拓展性课程科目设置

拓展性课程可包括运动、艺术、社会实践、科技、社区融合、研学实践、居家泛化等不同种类课程科目。

运动类科目主要涉及相关特奥项目如田径、羽毛球；还有兴趣类运动如轮滑等。一至六年级均可开设，内容由学校安排。

艺术类科目主要涉及美术类科目包括工艺美术、水彩画、沙画等；音乐类科目包括声乐、打击乐等。一至六年级均可开设，内容由学校安排。

社会实践、社区融合、研学实践类科目主要以社区服务、职业体验、社会适应技能泛化等实践内容为主。三至六年级开设，活动内容由班级及学校分层次安排。

科技类科目可包含乐高工程、编程、无人机等。其中乐高工程一至六年级均可开设，编程、无人机等科目三至六年级可开设，内容由学校安排。

居家泛化类课程的设置，以学生在校所学的生活适应能力、劳动实践、习惯养成类内容为主，通过班级将学生个性化的居家练习内容推送给家长，由家长指导完成。一至六年级开设。

三、教学时间

孤独症教育课程教学时间的设置应根据课程类型进行差异化安排。各类别课程教学时间安排，如下页表2-2所示：

表2-2 各类别课程教学时间安排

年级	基础性课程											支持性课程					拓展性课程					周课时	
	语文	数学	劳动	艺术	体育与健康	生命健康	道德与法治	科学	信息科技	综合实践活动	独立作业	社交沟通类	感知觉类	情绪行为类	认知类	运动类	艺术类	科技类	社会实践/社区融合	研学实践	集体课	个别化
一年级	3	2	5	6	4	1	1			每月一次		3节/人/周				3节/周				每月一次	24	3
二年级	3	2	5	6	4	1	1														24	3
三年级	3	2	5	4	3	1	1	1	1		2								3		27	按需设置
四年级	3	2	5	4	3	1	1	1	1		2	按需设置							3		27	
五年级	3	2	5	4	3	1	1	1	1		2								3		27	
六年级	3	2	5	4	3	1	1	1	1										3		27	

第四节 课程目标与内容

一、课程目标的制订

(一)课程目标制订依据

课程目标是根据教育宗旨和教育规律提出的课程的具体价值和任务指标。其制订需遵循教育目的和培养目标的要求。① 除此之外,课程目标的制订依据还需要考虑学习者的需要、社会生活的需求和学科的发展三个方面。

1. 学习者的需要

基于学习者的需要,要求在设定课程目标时应当充分了解孤独症学生发展的需要,满足其作为"完整的人"的身心发展需要,即在目标制订时要充分考虑其全面发展和个性发展的需要。根据学生的年龄水平、已有的知识结构、行为素养所确定的能够保证其长远发展目标得以实现的需要和要求,如知识、技能和能力发展的需要,安全感、依恋感等情感发展需要以及自我认知、社会认同、动机等方面的需要等。

2. 社会生活的需求

社会生活的需求是课程目标的重要来源之一。社会生活的需求可以从空间和时间两个维度进行理解。在空间维度上,它涵盖了学生所处的社区、民族、国家乃至全人类的需求。在时间维度上,它

---

① 顾书明. 小学课程设计与评价研究[M]. 苏州:苏州大学出版社,2016.

不仅包括当前社会的实际需求,还涉及社会发展的趋势和未来的潜在需求。① 这就要求教育者在为孤独症学生制订课程目标时,应以发展的眼光看待问题。因此,在空间维度上,目标不仅应涵盖学生基本生活需求,还应注重培养其正确的价值观和世界观。在时间维度上,目标既要关注学生的当前生活,又要考虑未来社会的发展趋势,培养他们终身学习的能力,助力其未来的成长与发展。

3. 学科的发展

学科知识及其发展是课程目标的重要来源。首先,教育者可根据学科知识的传递与发展需求来制订课程目标,这包括学科的基本概念、结构、研究方法以及与其他学科的关系。其次,学科专家的建议也是确定课程目标的关键依据。由于他们精通课程领域的基本概念、逻辑结构、探究方式及发展趋势,并且多数教材由他们编写,因此他们的意见极具参考价值。

(二)确定课程目标的基本环节

1. 明确教育目的和培养目标

教育目的或教育宗旨制约着课程目标的提出。在考虑课程的宏观结构时,必须服从教育目的的根本方向。在决定课程的具体内容时,必须与教育目的的基本要求相符合。

2. 分析课程目标的基本来源

课程目标的基本来源是特定教育价值观的具体化,即如何看待学生、社会与学科三方面的关系,把哪一方面放在优先考虑的位置,怎样处理处于优势地位与从属地位的目标来源的关系。例如,学科中心论使儿童服从于分门别类的教学科目,儿童完整而统一的经验

---

① 王本陆.课程与教学论(第3版)[M].北京:高等教育出版社,2017.

被肢解；儿童中心论满足于儿童兴趣和能力的自发性，排斥对儿童心智的训练；杜威则把儿童与课程统一起来，消解二元论倾向，认为教师的使命就是把教材解释为儿童的生活经验，并指导儿童的经验不断生长。

3. 选择课程目标的形式取向

课程目标有不同的取向，如"普遍性目标""行为性目标""生成性目标""表现性目标"等。目标取向的选择为课程内容的选择和陈述奠定了基础。"普遍性目标"有利于教师对目标做出创造性的解释，可以适应各种具体教育实践情境的特殊需要，但这类目标往往以抽象形式出现，有一定随意性，在含义上不够清晰，常常出现歧义；"行为性目标"具体明确，便于操作和评价，但一些内隐的目标如思想品德很难用外显的行为方式来表述；"生成性目标"考虑到学生兴趣的变化等内隐方面，但在班级授课制条件下很难落实；"表现性目标"考虑到学生的独特性，但很难保证使所有的学生达到课程计划的基本要求。选取哪种形式取向的课程目标，应依据课程所要解决的具体问题而定，如表2-3所示。

表2-3 不同形式取向的课程目标内容示例

普遍性目标	行为性目标	生成性目标	表现性目标
孤独症学生德智体美劳全面发展	学生能够书写自己的名字	学生能够根据看到的一幅画面创编故事	学生参加展能节活动，展示其在生活自理、艺术等领域的学习成果。如展示叠被子、完成一个乐曲的演奏等

此外，根据孤独症学生差异性大等特点，在课程目标的达成标准上可以从内容标准、表现标准和机会标准三个角度思考如何设定和表述，如表2-4所示。其中，内容标准是指表达学生应知与所

能，显示学生必须掌握的知识与技能，如思维方式、沟通能力、推理与调查、问题解决，以及对于学科来说最重要的永久性概念与本质思想。表现标准是用来说明学生对于掌握内容标准的程度，也可以说是熟练水平，即足够好到底是多好。它用于评价管理，来表明学生掌握内容标准的证据所在，是学生学业成就质量的指标以及可接受水平。[①] 机会标准原则上也属于表现标准，它是指在课程与教学过程中影响学生的学习机会的有关条件或安排所做的规定和陈述。如某一项内容标准教师给予的机会（辅助或提示）是什么样子。面对孤独症学生复杂的教育现状，机会标准的提出主要引导教师们在课程目标设定过程中，不仅要考虑学生的具体内容目标是哪些，更要考虑教师作为教育的主导者应该如何帮助学生实现既定的内容性目标。

表2-4 课程目标的达成标准

内容标准的目标	表现标准的目标	机会标准的目标
学生能够跳	学生能够原地上下跳，向上跳跃高度不低于10cm	学生能够在教师的半肢体辅助下完成原地上下跳，向上跳跃高度不低于10cm
	学生能够向前双脚跳，距离长度为30cm	学生能够在连续向前跳跃三次中，至少一次距离长度为30cm
	学生能够双脚开合跳，双脚打开程度大于10cm	学生能够在有视觉提示的地面上完成双脚开合跳
	……	……

---

① 邵朝友. 基于学科能力的表现标准研究[D]. 华东师范大学, 2014.

二、课程内容的选择与调整

（一）课程内容的选择

孤独症学生的课程设置应在国家教育政策框架下进行。课程的有效性是孤独症课程内容设置必须思考的问题。结合我国当下孤独症教育和课程建设的背景因素，孤独症教育课程内容的设置首先应参考已有的相关国家课程标准，并在此基础上结合孤独症学生的身心特点和发展需求，学校的实际情况、培养目标进行校本化调整。孤独症课程内容的选择，大致可以通过研读课程目标、寻找和收集课程素材、确定选择标准以及课程内容比较和取舍等四个阶段。①

1. 研读课程目标

课程内容是围绕课程目标开展的，所以在选择课程内容的第一步就是研读课程目标。孤独症教育由于缺少国家课程标准的指导，在课程目标的确定上还存在一定的困难。现阶段可以通过研读国家已确定的培智学校义务教育课程标准以及义务教育课程方案和课程标准，结合孤独症学生的学习特点和需求，综合制订学校课程目标。以生活语文4~6年级"倾听与说话"领域目标为例，如下页表2-5所示，在研读课程目标时，需要考虑培智学校义务教育课程标准中的课程目标是否适宜？其依据是什么？应该如何调整？以此形成孤独症学生的课程目标。

---

① 罗祖兵. 初等教育课程与教学论[M]. 北京：北京大学出版社，2018.

表 2–5 孤独症学生 4~6 年级生活语文"倾听与说话"领域课程目标研读示例（部分）

培智目标	目标高？低？适宜？	调整后目标	依据
能认真倾听他人讲话，不随意插话	偏高	能认真倾听他人讲话，理解并执行两步以上指令	孤独症儿童的倾听能力较培智学生弱，且比较随意插话，更容易出现充耳不闻的情况，且能力较差的孤独症儿童仅对单一的指令可以理解，但不能主动完成，对多指令则不能理解
能听懂与生活相关的话题，并做出适当的反应	适宜		孤独症儿童在理解词语时能力相对滞后，在提取词义上存在困难，常无法理解话语的意义，特别是难理解表示心理状态、情绪情感、时态的概念和认知的词汇。与生活相关的简单话题，经过一段时间教学后孤独症儿童能基本达成
能听懂任务分工、操作步骤和要求	偏难	能在视觉辅助下，理解任务分工、操作步骤和要求	孤独症儿童常存在语义编码能力的缺损，不能很好地回忆语义相关词汇，如 Cheung 等人研究发现孤独症儿童在自由回忆语义相关词汇时数量低于典型发育儿童，并表现出词汇编码和回忆检索的缺陷。有研究认为，孤独症儿童在进行语义理解时过度依赖视觉编码，低水平的加工策略使得儿童只能够机械地掌握词汇概念，而难以灵活应用完成较复杂的任务

续表

培智目标	目标高？低？适宜？	调整后目标	依据
能听懂媒体播报(例如广播、影视等)内容，获取有用信息	适宜		个别孤独症儿童偏爱媒体、广播等声音。本目标为选择性目标，认知理解程度较好的孤独症儿童能够达成
能用语言求助	适宜		孤独症儿童少有主动语言，提出要求或寻求帮助能力较弱，导致其行为问题频发。该目标是孤独症儿童亟待提高的方面
能向他人介绍自己(例如学习和身体情况、家庭情况、特长、愿望等)	适宜		孤独症儿童多不会用已经学到的言语表达愿望或描述事件，不会主动提出话题、维持话题。该条目标在经过一定的训练后，孤独症儿童基本能够达成

2. 寻找和收集课程素材

一般来说，课程目标和课程内容并不是简单的线性对等关系。一个课程目标可能对应多个课程内容，一个课程内容也可以达成多个课程目标。所以在选择课程内容时，要以明确的课程目标为依据，广泛地寻找和收集与课程目标有直接相关性的不同题材、不同角度、不同层面的课程素材，为接下来的课程内容的选择提供充足的准备。

3. 确定选择标准

在广泛地寻找和收集课程资源之后，要对广泛的课程素材进行进一步的选择。通过教师对学生的了解和集中的教研活动选出最适合学生的、最典型最基础最重要的课程资源让学生学习。具体的选择标准可以参照上述的基本准则，同时还要考虑趣味性和生活性等。

4. 课程内容的比较和取舍

定好选择标准，接下来就应该对所搜集的课程资源进行鉴定和取舍。鉴定和取舍时，除了既定的选择标准，学生的学习时限，也就是学生学习所规定的课时限制也应该注意。比如，要选择以培智学校义务教育课程标准《生活语文》教材的内容为主，就必须考虑在规定的学时内学生是否能够学完，是否能够满足不同学生的学习进度，学科知识甚至跨学科知识之间又是否能够有效递进和衔接。所以在进行课程素材的取舍时，团队的合作是非常重要的。这个团队可以包括课程专家或研究者、学校教育管理者、经验丰富的一线优秀教师，甚至还可以包括学生家长或学生本人。

（二）课程内容的调整

孤独症教育没有统一的课程标准，没有国家出版的统一的课程内容或者教材等做参考。经过筛选后的课程内容，仍然属于原始的课程资源，并不一定完全适用于孤独症学生的学习。主要是因为这些资源的编撰者未必是从孤独症学生的角度甚至教学的角度来思考的，所以最后形成的课程内容，如一篇篇课文、一个个教学主题等，都需要基于学科逻辑和孤独症学生的学习特点，对其进行更加细致的加工和处理。

1. 精简

精简是指根据需求对现有课程材料进行删减和简化。其原因包括：某些材料总体上符合课程目标，但包含负面导向内容，如暴力、消极思想、政治倾向、哲学立场不当，以及部分表达的人生观、价值观存在问题，需进行内容删减；另外，原有材料过长或过于复杂，不适合学生在限定时间内学习，需进行简化。精简的材料是使课程更适应孤独症学生的需要。

2. 改编

对于某些材料而言，若直接删除部分内容，可能会破坏原有课程的完整性和逻辑性。在这种情况下，简单的精简是不可取的，必须进行改编。改编是对现有课程素材进行重新调整的过程，旨在使其内容更加流畅，更适合特定地区及年龄段学生的学习需求。例如，在《生活语文》四年级教材中《交通安全很重要》一课中，原句"红灯停，绿灯行，斑马线前仔细瞧"中，"仔细瞧"一词较为抽象，对孤独症学生而言较难理解。可以将该句改编为"红灯停，绿灯行，斑马线前要看清"，不仅符合孤独症学生的记忆习惯，而且读起来更加流畅。

3. 浅化

浅化就是让原来的课程素材变得更加容易一些，使其更加符合孤独症学生个别化需求。对于素材中一些重要的又比较难的内容，就需要对知识进行浅化处理。比如，语文素材的学习中，比较复杂的句式对中重度的孤独症学生来说比较困难，这就需要对素材进行浅化，找出课文中比较具象的词汇，将大段的句式变为简单的图文结合形式的认知。再比如，有些孤独症学生伴随智力障碍，抽象逻辑思维很难发展出来。加减法的学习对学生来说非常困难，在课程素材上就需要提供更加具象的材料辅助学生学习。

第五节　课程实施

一、科学规划课程实施

学校依据现有课程实施办法，立足校本办学理念，分析孤独症教育资源和条件，制订学校课程实施方案和学科指导手册，注重整体规划，有效落实国家课程，规范开设地方课程，合理开发校本课程。统筹各门课程跨学科主题学习与综合实践活动安排。统筹校内外教育教学资源，将理念、原则要求转化为具体的育人实践活动。

二、推动教学改革

1. 坚持立德树人根本任务，培养关键能力

围绕"为什么教""为谁教""教什么"深刻理解课程育人价值，落实育人为本的理念。准确把握课程要培养的孤独症学生关键能力，明确教学内容和教学活动的能力要求，培养学生正确的价值观。设定教学目标，改革教学过程和教学方法，把落实立德树人根本任务具体到实际的教育教学活动中。

2. 强化学科实践

注重"做中学"，引导学生参与学科探究活动，加强知识学习与学生经验、现实生活、社会实践之间的联系，注重趣味化、活动性、情境性教学环境的创设，倡导真实情境教学，增强学生认识真实世界、解决真实问题的能力。

3. 落实因材施教

创设以学习者为中心的学习环境，凸显学生的学习主体地位，

开展差异化教学，加强个别化指导，满足孤独症学生多样化学习需求。

三、开发课程资源

确保课程资源满足孤独症儿童的特殊需求，包括社交、沟通和行为方面的支持，以适应孤独症儿童的学习特点。

注重多学科整合、校内校外资源整合，通过跨学科的项目和活动，促进学生对不同领域知识的综合运用。同时，积极与社区、家庭合作，利用校外资源丰富课程内容，为孤独症学生提供更广阔的学习平台。

与现代科技相结合，增强数字化资源平台、人工智能技术及虚拟现实（VR）和增强现实（AR）技术的应用，加快教育数字化进程，推动现代科技、辅助技术与课程、教学的深度融合，丰富课程资源，为他们的全面发展和融入社会提供强有力的支持。

第六节　课程评价

一、构建多元化课程评价体系

构建多元化且科学的课程评价体系，充分发挥评价的诊断、激励及导向作用，采用多样化评价方法，促进学生、教师、学校在不同层面的发展。实行学业成绩与学生成长记录相结合的综合评价方式。学校依据目标多元、方式多样、重视过程的评价原则，综合运用观察、交流、测验、实际操作、作品展示、多主体评价等多种手段，为学生建立全面、动态的成长记录手册，全面反映学生的成长历程。

二、实施差异化评价

针对孤独症学生个体差异大的特点，采取适应个别差异的评价方式来实现对不同学生提出不同的要求。面向不同学生提供适合其各自水平的评价内容，但不同的评价内容要对每个学生都有挑战性的要求，使每个学生只要努力就能取得成功。差异化评价应符合全面考查学生的要求，评价内容可涉及知识、思维能力、解决问题能力、动手能力、态度、情感、意志等方面。

三、促进学生全面发展

评价的内容要有助于孤独症学生综合素质的提高。因此，应根据培养目标与学生的实际情况，整体设计社会性与情感、认知、语言、自理和运动等多方面的评价内容，全面反映学生的学习经历和成长轨迹。根据多元智能理论的要求，在对孤独症学生进行评价时，应采取多种不同的手段，以适应不同个体的智能特点，而不应强求统一、实行一刀切的做法。在进行评价测试时，应鼓励学生表现出创造性思维，不局限于标准答案，鼓励学生发挥想象，做出有创造性的回答。

第三章 孤独症教育评估

孤独症儿童教育评估是根据一定的原则,通过全面的检查、测评或以其他方式测量、鉴别或确定学生特殊需要的活动。孤独症儿童教育评估的目的性较强,重视评估工具和方法的选择,以适应个体的需要。孤独症儿童教育评估对于确定孤独症儿童的教育安置、制订个别化教育计划和提供相应的教学及支持服务具有重要的意义。

第一节 评估方式

一、标准化评估

标准化评估也称正式评估,是指根据评估对象与评估目的事先有计划性地制订好评估方案,涵盖对什么样的个体或群体,评估哪些方面,在什么时间进行评估及评估的周期,并且评估方案将由专门的机构与人员按照标准程序与评估规划严格执行。正式评估对评估工具与评估人员要求十分高,正式评估需要预先规定好绩效指标和评估方法,这种评估一般都是定期进行,具有周期性,如每季度一次、半年一次或一年一次。正式评估能够有针对性地获得我们需要了解的相关信息,如被评估者目前的生理、心理状况或相对前一次评估的变化。

(一)语言行为里程碑评估及安置程序

语言行为里程碑评估和安置程序(verbal behavior milestones assessment and placement program,VB-MAPP)是由桑德伯格(M. LSundberg)编制的,发表于2007—2008年,是评估和跟踪孤独症儿童或其他发展障碍儿童的语言和社交能力的有效工具。VB-MAPP以斯金纳的语言行为分析理论为基础,基于大量的实践经验进行修订,已广泛应用于孤独症儿童评估领域。[①]

VB-MAPP由里程碑评估、障碍评估、任务分析和技能跟踪、转介评估、安置指导和IEP目标5个部分组成,提供了儿童表现的基线水平、障碍评估、技能习得跟踪系统和教育康复指导。下面简要介绍各部分内容。

1. 里程碑评估

用于评估儿童言语及相关能力的现有水平。里程碑是指在某个时点上典型发育儿童发展的最低值,但特殊需要儿童需要很大的努力才能达到的水平。VB-MAPP共包括170个言语行为里程碑,可分为16个技能领域和3个水平(0~18个月,19~30个月,31~48月),每个水平内的每个技能领域有5个里程碑。下页表3-1描述了水平1的技能和里程碑。

[①] 韦小满,蔡雅娟.特殊儿童心理评估[M].北京:华夏出版社,2016.

表 3-1　VB-MAPP 水平 1 的技能和里程碑评估示例

技能	里程碑评估	分数标准
要求	1-1 在非肢体辅助（如声音示范、手势示范）下能够提出两个要求（使用词语、手语或图片交换沟通系统）	1 分：2 个要求 1/2 分：1 个要求
	1-2 在没有辅助下提出 4 个要求（可以提问：你想要什么？），但孩子可以看到想要的东西	1 分：4 个要求 1/2 分：3 个要求
命名	1-1 命名 2 个强化物	1 分：2 个命名 1/2 分：1 个命名
	1-2 命名 5 个物品	1 分：5 个命名 1/2 分：3 个命名
听者反应	1-1 在 5 次谈话中会看着说话的人	1 分：5 次 1/2 分：2 次
	1-2 听到别人叫自己的名字时会有回应（如转头、看着对方），5 次	1 分：5 次 1/2 分：2 次
视觉匹配	1-1 有 3 次对于移动的物品进行追踪 3 秒	1 分：2 次 1/2 分：1 次
	1-2 有 2 次成功地抓住物品	1 分：2 次都能抓住物品 1/2 分：需要更多次才能抓住 2 次
独立游戏	1-1 在 30 分钟的观察内可以玩和探索物品 1 分钟，如看玩具、按按钮等	1 分：持续 1 分钟 1/2 分：持续 30 秒
	1-2 在 30 分钟的观察内能够自己玩 5 个不同的物品	1 分：5 个 1/2 分：3 个
社会行为和社会活动	1-1 在 30 分钟内听到熟悉的声音时能微笑，5 次	1 分：5 次 1/2 分：2 次
	1-2 在 1 小时的观察中能表达想要被抱或一起玩，2 次	1 分：2 次 1/2 分：1 次

续表

技能	里程碑评估	分数标准
动作模仿	1-1 听到"这样做"时，能模仿出 2 个大动作	1 分：2 个动作 1/2 分：1 个动作
	1-2 听到"这样做"时，能模仿出 4 个大动作	1 分：4 个动作 1/2 分：3 个动作
早期语言模仿	1-1 模仿至少 2 个发音，在 EESA 上至少得 2 分	1 分：2 个发音 1/2 分：1 个发音
	1-2 模仿至少 5 个发音，在 EESA 上至少得 5 分	1 分：5 个发音 1/2 分：3 个发音
自发口语	1-1 平均每小时自发发出 5 个音	1 分：5 个音 1/2 分：2 个音
	1-2 平均每小时自发发出 10 个音，有 5 种不同的发音	1 分：5 种发音 1/2 分：3 种发音

在 VB-MAPP 里程碑的计分表上针对每一个里程碑以及在任务分析里和技能追踪计分表针对所有的技能，都有明确的特定测量方法。关于四个测量方法概述如下：

（1）正式的测试（T）：一个正式测试包括给孩子具体提出一个任务和记录他的反应。例如关于命名之里程碑 1~5 中要求孩子能"命名任何 10 件物品"。正式测试将包含为孩子逐一提供各项物品的同时用语言辅助"这是什么?"然后记录孩子的反应是正确的还是错误的。其目标是直接测定孩子是否能表现出目标技能。

（2）观察（O）：一个观察包括看着某个技能在各种环境情况下的发生，而评估者并不正式提供任何的刺激（这种测量没有时间限制）。例如，关于命名里程碑的 1~4 要求孩子能"自发地命名（没有语言辅助）2 个不同的物品"。一个相应观察不过是在数据表上记下一个自发命名的发生。这里的目标是确定是否在没有语言辅助下有任何命名发生。

(3)正式测试或观察两者选一(E)：评估者可以通过对孩子进行正式的测试或直接的观察来获得相关的数据。例如，关于提要求里程碑的1~6要求孩子能"在没有辅助的情况下(除了"你要什么？")要求20个不同的缺乏之物"。在自然环境中对提要求的观察可以为计分提供必要的信息(如孩子在玩洋娃娃的时候说"奶瓶在哪里？")，或者可以直接测试这项技能，其方法是给孩子他所想得到之物的一部分(如洋娃娃)，但却不给他另外一个部分(如奶瓶)。

(4)计时观察(TO)：目标反应必须在一个有限的时段中出现。例如：关于社交行为和社交游戏里程碑的1~5，要求孩子能够"在30分钟内，自发跟随同伴或模仿他们的大动作达2次"。为了在这个测量项目中得分，孩子需要在规定时间内表现出这些行为，而不需要成人的辅助。然而，这个时段可以分解为各自分开的观察时段，比如在两个15分钟的休息时间中进行观察。

2. 障碍评估

用于评估阻碍孤独症儿童和发展迟缓儿童学习语言的关键原因。障碍评估提供了22种常见原因：教学控制(逃避要求)、行为问题、语言方面的缺陷(要求、命名、匹配、听者反应、互动语言)、模仿缺陷(语言模仿、动作模仿)、辅助依赖、泛化失败、连续猜词、视觉扫描缺陷、不能区分情境、低动机或非典型动机、反应弱化动机(失去兴趣)、自我刺激、发音障碍、强迫行为、强化物依赖、注意力缺陷、社交技能缺陷等。通过确认这些障碍，教师可为孤独症儿童制订更加有效的康复策略，实施有效学习。

3. 任务分析和技能跟踪

将16个技能领域进一步分解为1000多个技能并按照里程碑发

展顺序进行排序,这是基于 30 多年实践反馈不断修订的,可为孤独症儿童和发展迟缓儿童的语言学习提供更加全面、发展性的课程指导。

4. 转介评估

包含 18 个评估领域,有助于确认儿童是否可在较少受限制环境下学习。评估领域可分为三类:第一类涉及语言、社交和学业水平的信息,包括 VB-MAPP 里程碑分数、障碍分数、消极行为和教学控制、教室常规和集体能力、社交能力和社会活动、独立学业表现;第二类涉及学习类型的有关信息,包括泛化能力、强化物范围、技能使用率、新技能保留、自然环境学习、迁移;第三类涉及自我照料技能、适应性和自我管理的信息,包括对变化的适应性、自发行为、自我管理休闲时间、一般自我照料技能(如厕技能、饮食技能)等。

5. 安置指导和 IEP 目标

与评估结果一一对应,安置指导为技能评估中的 170 个里程碑进行了详细解释,并提供了根据结果如何制订 IEP 目标的具体建议。这些指导与建议有助于教师制订出更加个性化、有针对性的教育计划。

(二)孤独症谱系及相关发育障碍儿童评估用心理教育量表中文修订三版

孤独症谱系及相关发育障碍儿童评估用心理教育量表中文修订三版(The Third Edition of the Revised Chinese Version of Psycho-Educational Profile For Children with ASD & Developmental Disabilities,C-PEP-3),是专为孤独症谱系障碍及相关发育障碍儿童个别化评估所设计的,适用于生理年龄在 12 岁以下,而心理功能仅相当于 7

岁以下的儿童。

从 C-PEP-3 量表的内容结构上来看,包括功能发展量表和病理行为量表两个方面(杨玉凤,2016),各部分的内容如表 3-2 所示。

表 3-2　C-PEP-3 的内容结构

功能发展量表(95)	病理行为量表(44)
模仿(10)	情感(6)
知觉(11)	人际关系(7)
精细动作(10)	游戏和物品喜好(6)
粗大动作(11)	感觉反应(14)
手眼协调(14)	语言(11)
认知表现(20)	
口语认知(19)	

1. 功能发展量表

功能发展量表涉及儿童功能发展领域的 7 个方面,合计 95 个项目。

(1)模仿:包含 10 个项目,用于孤独症儿童在口语及动作方面的模仿能力。模仿在人类社会学习及交往中起着不可估量的作用,但却是孤独症儿童的薄弱环节。模仿的项目涉及对动作、声音及语言的模仿。

(2)知觉:由 11 个项目组成,用于评估视觉和模仿听觉两种感知觉发展水平。正常学习需要各种感觉信息的协调,而孤独症儿童的特点却是注意力极为短暂,对外界各种刺激筛选能力差,存在感觉超敏现象,易引起情绪反应,从而干扰学习。

(3)动作技能:包含精细动作 10 项,例如穿珠子、用剪刀剪东西等;粗大动作 11 项,如接球、踢球行走、上阶梯、单脚站立、双脚跳等。所有项目均为儿童在最初几年应掌握的一些基本技能,这些技能的发育是更高级功能的基础。此领域的项目由于不需要语言，比较容易吸引儿童的兴趣。

（4）手眼协调：包含14个项目，如在线内着色临摹图形、堆积木、抄写汉字等，此方面的能力是掌握书写、绘画的基础能力。

（5）认知表现：包含20个项目，如认知身体部位，辨认形状、颜色、大小、拼图等，侧重对语言的理解而表现出的认知能力，不需要任何直接的口语回答。

（6）口语认知：包含19个项目，与认知表现项目有一定的交叉，两者都需要语言理解，但它更侧重口语表达，如数数、心算、命名图片等。

C－PEP－3功能量表采用三级评分，即P（通过）、F（不通过）和E（中间反应）。

P：儿童能成功地完成任务而不需要教师演示。

E：儿童对完成任务似乎有所领会，但不能表现出功能行为（不会做），或不全会，或需主试示范才能部分完成。

F：儿童不能完成任务的任何一方面，或者即使在反复示范之后，被试仍不试图去完成。

2. 病理行为量表

病理行为量表由44个项目组成，用来识别和评估孤独症儿童的病理学行为及严重程度，包含5个领域：情感、人际关系、游戏及物品喜好、感觉模式和语言，项目涉及保持目光接触、适当考察测试材料、显示正常的嗅觉兴趣、使用与其年龄相适应的语言、非结构化时间的使用等。

病理行为量表的项目并不显示发展性变化。典型发育儿童一岁半可以在这些病理项目上有轻微的反应，但却不像孤独症或其他发展障碍儿童那样有严重的反应形式。

病理行为量表是为诊断目的而设计的,它可以提供儿童障碍行为的严重程度信息,并识别障碍行为所属的具体领域。

C-PEP-3病理行为量表采用三级评分,即A(适当)、M(轻度)、S(严重)。

A:儿童的行为是与其年龄相适应的。

M:儿童的行为明显不适应,但很可能在比他年龄小的儿童身上看到这些行为,而在该儿童的年龄已不该有的反应。

S:儿童的行为在强烈程度、性质、特点上明显地表现出不同于典型发育儿童的特征。虽然这一评分等级的反应,有可能与年龄较小的孩子所显示的反应相似,但这些反应必须是奇特的、极端的。

(三)孤独症儿童发展本位行为评量系统

《孤独症儿童发展本位行为评量系统》是由台湾彰化师范大学复健咨商研究所凤华教授团队编制,根据彰化师大应用行为分析发展研究中心10年的实践验证和重庆师范大学孤独症儿童研究中心7年的实践验证,经过本土化修订,解决0~12岁孤独症儿童"教什么"和"怎么教"的一套评量系统。该系统包括《指导手册》和《题本》,一套330多张的卡片和一个微信小程序。《指导手册》是说明书,介绍了评量系统的编制来由、理论基础、应用、信效度;《题本》是评量系统的题库。

该评量系统包括三大主轴。第一大主轴是回应DSM-V对孤独症诊断中新增加项目"感官知觉过高或过低的反应形态"。孤独症儿童在感知觉方面有其特殊偏好及局限性,教学前如果能了解其特殊性,可以让其免于焦虑及依其偏好安排适当的环境,建立安全感的环境。第二大主轴包含发展五大领域:沟通、社会情绪、认知、适应行为和动作发展。评估以发展阶段为基础、孤独症儿童的核心需求为考虑,斯金纳语言行为、情绪发展、心理理论及认知发展等理论为架构,发展与行为理论相辅相成,期待能敏锐地感应到孤独症儿童的特殊需求,提供适切的评量系统。各领域的大项以图片形式呈现,具体内容如图3-1,图3-2,图3-3,图3-4所示。同时,本评量系统以课程本位的概念进行编撰,评量之后即可转换为教学目标,与教学密切结合,让教师可以很快确认教学方向。第三大主轴则是转衔评价的设计,为适应学龄前阶段的孤独症儿童能顺利进入小学阶段,对基础转衔能力进行评量,协助其快速适应新的学习环境。

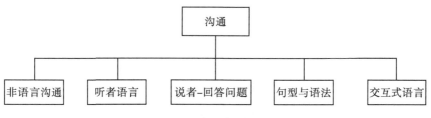

图3-1 沟通领域树形图

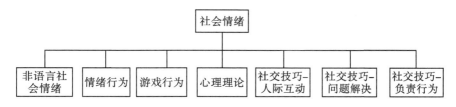

图3-2 社会情绪领域树形图

图3-3 认知领域树形图

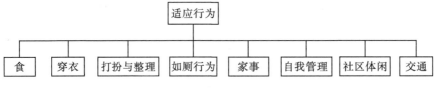

图 3-4 适应行为领域树形图

(四)婴儿-初中生社会生活能力量表

婴儿-初中生社会生活能力量表(Normal Development of Social Skills from Infant to Junior High School Children,S-M)是基于日本心理适应能力研究所等机构编制的《S-M社会生活能力检查量表》,经我国左启华教授主持修订后,形成了适用于中国儿童的标准化工具。该量表旨在评估6个月～14岁儿童在不同年龄阶段的社会生活能力,包括独立生活、运动、作业、交往、参加集体活动和自我管理等方面。量表自全国推广应用以来,广泛应用于科研和临床工作,被认为是一种简便、可靠、操作性强的适应行为评定量表。

原版S-M社会生活能力检查量表共130项。在标准化过程中,根据我国国情和预试验结果,修改了13项内容,增减了一些项目。最后量表确定为132项,并对各项的难易程度进行了顺序的调整,132项内容分布在儿童整个年龄阶段的6个领域中。

1. 独立生活能力

独立生活能力(self-help,SH)包括进食、衣服脱换、穿着、料理大便,个人和集体清洁卫生情况(洗澡、洗脸、刷牙、洗头、梳头、剪指甲、打扫和装饰房间等)。

2. 运动能力

运动能力(locomotion,L)包括走路、上阶梯、过马路、串门、外出玩耍、到经常去的地方、独自上学、认识交通标志、遵守交通规则、利用交通工具到陌生地方去等。

3. 作业能力

作业能力（occupation，O）包括抓握东西、乱画、倒牛奶，准备和收拾餐具，使用胶水，剪图形、开启瓶盖、解系鞋带、使用螺丝刀、电器、煤气炉、烧水、做菜，使用缝纫工具，修理家具等。

4. 交往能力

交往能力（communication，C）包括叫名转头，说话、懂得简单指令，说出自己姓和名、说出所见所闻、交谈、打电话、阅读并理解简单文字书、小说和报纸，写便条、写信和日记、查字典等。

5. 参加集体活动能力

参加集体活动能力（socialization，S）包括做游戏，同伙伴一起玩、参加班内值日、校内外文体活动、组织旅游等。

6. 自我管理能力

自我管理能力（self-direction，SD）包括总想自己独自干、理解（以后）能忍耐、不随便拿别人东西、不撒娇磨人、独自看家、按时就寝、控制自己不提无理要求、不说不应该说的话、不乱花钱，有计划买东西、关心幼儿和老人、注意避免生病，独立制订学习计划等。

该量表适用于6个月~14岁的儿童，可以全面评估儿童在不同年龄阶段的社会生活能力。全量表共有7个起始年龄。可以根据年龄大小选择起始年龄项目进行检查。

检查的起始年龄：

(1) 6个月~1岁11个月。

(2) 2岁~3岁5个月。

(3) 3岁6个月~4岁11个月。

(4) 5岁~6岁5个月。

(5)6岁6个月~8岁5个月。

(6)8岁6个月~10岁5个月。

(7)10岁6个月以上。

具体检查方法：

检查时，从相应的年龄阶段开始检查。从该年龄段的第一项开始提问，如连续10项通过，则认为这项以前的项目均已通过，可继续向下提问，如连续10项不能通过，则认为这以后的项目均不能通过，检查即可结束。

如开始10项未能全部通过，应继续向前提问，直至连续10项均能通过，即认为前面项目全部通过，可以继续向后提问。通过，是受检儿童对该项目基本上会，或认为有机会就会；不通过，是指受检儿童对该项目不会（不太会），或认为有机会也不会。

结果评定：

(1)受检儿童每通过1项算1分，最后合计总得分。

(2)根据年龄分组和得分范围，查出相对应的标准分。

(3)最后根据标准分，对受检儿童做出社会生活能力的评价。

(五)沟通矩阵（语前评估）

沟通矩阵（communication matrix）是专门用于描述儿童早期沟通技能表现情况的一种评估工具，由美国俄勒冈医科大学（Oregon Medical University）著名沟通研究专家罗兰教授领导的团队主持研发，于1990年首次出版，并于1996年和2004年进行两次修订，截至2011年6月，仅网上在线评估就完成了23000个案例。通过长期的、大样本数据与实例的纵向研究，沟通矩阵已成为国际特殊教育、言语治疗领域广泛应用并得到肯定的评估工具（盛永进，2023）。

沟通矩阵包括沟通水平、沟通功能和沟通行为三部分的核心内容。该工具将沟通发展的水平与沟通的功能相对应，形成一种矩阵关系，根据沟通行为的表现，全面考察个体的沟通能力状况。

1. 沟通的层次

沟通矩阵依据沟通技能的渐进发展，将沟通行为划分为 7 个层次：前意图行为（pre-intentional behavior）、意图行为（intentional behavior）、非习俗沟通（unconventional communication）[前表征化（pre-symbolic）、有意图的沟通从这里开始]、习俗沟通（conventional communication）（又称前表征化、主动沟通）、具象表征（concrete symbols）[并不总是一个明确的等级]、抽象表征（abstract symbols）和语言（language），具体如表 3-3 所示。

表 3-3 沟通矩阵水平层次

层次	行为表现
1. 前意图行为	沟通行为不是在个体的控制下，但它反映了个体大致的状态（如舒适、不舒适、饥饿或困倦）。照顾者可从个体的肢体动作、面部表情和声音等来了解个体的状态。在典型发展儿童发展过程中，这个阶段发生在 0~3 月龄
2. 意图行为	沟通行为是在个体的控制之下，但它还没有明确的意图。个体还没有意识到可以用自己的行为来影响他人的行为。照顾者从身体动作、面部表情、发声和眼睛注视等来解释个体的需求和期望。在典型发展儿童发展过程中，这个阶段发生在 3~8 月龄
3. 非习俗沟通（有意图的沟通从这里开始）	非习俗的前表征行为用于有意图的沟通。沟通行为是"前表征性"的，因为它们不涉及任何一种表征。"非习俗"意指该沟通行为会随着年龄的增长而不被社会接受。沟通行为包括身体动作、发声、面部表情和简单姿势（如拖拽人）。在典型发展儿童的发展过程中，这个阶段发生在 6~12 月龄

续表

层次	行为表现
4. 习俗沟通	习俗的前表征行为用于有意图的沟通。"前表征性"意指沟通行为不涉及任何符号。习俗沟通意指沟通行为为社会所接受，随着个体的成长，可以继续伴随着语言一起使用。使用某些姿势可能是基于其独特的文化背景。沟通行为包括指点、点头或摇头、挥手、拥抱以及看着一个期望沟通的对象。请注意，这些身势（尤其是指点）大多需要良好的视觉技能，并不适用于视力受损严重的个体。一些声调、语调也可以在这个阶段使用。在典型发展儿童的发展过程中，这个阶段发生在12~18月龄
5. 具象表征（表征性沟通从这里开始）	用与实物具有物理相似性的具象表征来沟通。具象表征往往看起来、听起来、移动起来或感觉起来像其所代表的对象，包括图片、物体（如鞋带代表鞋子）、"符标"性的手势（如拍椅子说"坐下"）和声音（如发出嗡嗡的声音来表示蜜蜂）。大多数儿童可跳过这个阶段，直接进入等级6。对于有些个体来说，具象表征可能是他们唯一能理解的符号形式。对其他人来说，具象表征可以作为使用抽象表征的桥梁。通常，典型发展儿童使用具象表征时会结合姿势和单词，这个阶段一般出现在12~24月龄，但不会是一个孤立单独的阶段
6. 抽象表征	以抽象的表征，如言语、手势、盲文或印刷文字等进行沟通。这些表征是"抽象的"，因为它们与其所代表的对象在物理意义上没有相似之处，一次使用一个。在典型发展儿童的发展过程中，这个阶段发生在12~24月龄
7. 语言	根据语法规则，组合两个或三个符号（具体的或抽象的），如"喝果汁""我要出去"等。个体理解符号组合的含义取决于符号的排序。在典型发展儿童的发展过程中，这个阶段大约从第24月龄开始

与一般性的沟通水平划分相比，沟通矩阵的划分更为详细，也为精准地制订干预目标提供了明晰的参照。在7个层次中，"意图行为"阶段在整个沟通发展过程中是一个关键的过渡转折点。它前承

"前意图行为",后启"意图沟通",介于两者之间。前意图行为是反射性、反应性的,不是目的性的,它是对儿童行为状态的反应。与前意图行为相比,意图行为更加具有意志力,是在儿童的控制之下的,儿童的行为是和别人交流,但其表达不是有目的的,也不是故意为了吸引他人的注意力或影响他人的行为。

2. 沟通的功能

沟通矩阵聚焦4个基本的沟通功能(原因):拒绝(不要的东西);获得(想要的东西);社交(社会互动交往);信息(寻找或提供信息)。该评估工具将纵向的沟通水平层次和横向的沟通功能相对应,形成一种矩阵关系,通过被评估者回答如何表达上面的4个功能的24个问题来完成评估,从而获得7个层次、4个功能方面的80项沟通技能的表现状况,具体如表3-4所示。

表3-4 沟通水平与功能矩阵关系

层次	目的(功能)			
	拒绝	获得	社交	信息
1	表达不舒适	表达舒适	表达对他人的兴趣	
2	抗议	继续某个行动 获得更多的东西	吸引注意	
3		要求一项新的行动 要求更多的行动	要求注意 有情感表现	
4	拒绝某事	要求更多的东西 做选择 要求一个新的物件	打招呼问候 提供东西或共享 引导某人注意某事	回答"是"和"否"的问题 提问
5		要求不在场的东西	使用礼貌的社交方式	说出事物或人的名字 评议或点评

二、非标准化评估

非标准化评估也称为非正式评估,是指对评估人员、评估程序、评估方法、评估资料等方面都未做严格要求而进行的局部的、分散的评估。对于评估对象,评估哪些内容,在什么时间进行评估和怎样进行评估尚没有标准,因此其结论存在特异性,不一定非常可靠,但其形式灵活,执行操作简单,具有广泛的适用性。

(一)功能性评估

功能性行为评估(functional behavioral assessment,FBA),是指通过收集与目标行为有关的一系列前事刺激、行为后果等数据,使特定环境事件和行为之间的关联形成假设,并通过分析资料和验证假设,来确定该目标行为的功能是什么。功能性行为评估就是行为功能分析。即通过观察和记录一个行为之前发生了什么以及一个行为之后发生了什么,来确定该行为为什么发生。比如一个学生总是怪叫,我们可以记录学生在叫之前发生了什么事,叫之后发生了什么事,从而确定发出怪叫的原因。[①]

分析功能的主要目的,是为了让我们能够有一个系统的方法去观察、测量并分析学生的行为表现,并通过控制外在环境改善他们的行为问题。功能性行为评估的操作流程:行为的观察由 A-B-C 组成,虽然箭头是自上而下地标注,但往往进行分析时会先观察并记录行为 B,然后再进行 A 和 C 的分析。通过 A-B-C 的分析,通常就能找到行为问题的症结所在,然后对这个行为进行针对性的干预。

前事 A(antecedent):事件发生的时间、地点、人物及事件→行为 B(behavior):客观描述行为,包括频率、时间、强度等→后果 C

---

① 徐云. 孤独症儿童评估手册[M]. 西安:西北大学出版社,2022.

（consequences）：针对这个行为 B 的处理结果分析流程，具体如图 3-5 所示。

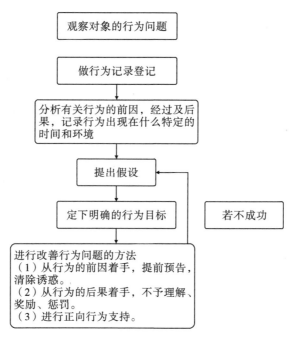

图 3-5 针对行为 B 的处理分析流程

常见功能性行为的功能主要有以下 4 种：①社会性正强化。问题行为由他人给予的正强化所维持，如获取关注的行为。②社会性负强化。通过逃避或回避某一厌恶刺激而维持问题行为，如上课捣乱会被罚出教室不用上课。③感觉性正强化。内在的感觉刺激或行为后果本身所维持，如自我刺激。④感觉性负强化。目标行为的发生自动减少或消除了作为行为后果的消极刺激时，感觉性负强化就发生了，如借酒消愁。

因此功能性行为评估（FBA）包括了功能分析（FA）、直接观察和间接观察。通常我们可以通过直接评估、间接评估、实验分析三种方法来进行功能评估。

1. 直接评估(描述性功能评估)

操作程序:观察和记录前事、目标行为和后果-分析数据-得到结论-解释结论。通过直接对行为进行观察,记录数据,来对问题行为的功能提供假设。

优点:通过直接观察可提供更多行为发生时的描述性信息,可以为行为功能提供有力的假设,不需要很多培训就能完成。

缺点:无法确定行为功能。

(1)直接描述。直接以行为记录,记录得很详细,但是也费时费力,一般在初次入班不知道学生情况的时候会用这种方法进行记录,具体如表3-5所示。

表3-5 直接描述记录表

日期/时间	在行为即将发生之前发生了什么	行为:说或做了什么?具体描述	紧接着行为发生了什么
时间	人物 地点 事件	问题行为	人物 地点 事件

(2)ABC行为观察,具体如表3-6所示。

表3-6 行为观察记录表

学生姓名								
目标行为								
日期	行为发生的情境	前因	行为		后果		行为持续时间	行为功能
			先兆行为	叙述行为状况	教师采取措施	学生反应		

（3）清单记录（如果熟悉学生情况，可以把大概的可能列出来进行频率统计，具体如表3-7所示。

表3-7 清单记录表

行为		前提					后果					人	时间
尖叫	打其他学生	老师帮助其他人时	一对一的时间	休息时间	午休时间	小组活动时	老师给予注意	老师忽略	学生给予注意	学生忽略	得到物品或活动		
√		√					√		√			A	8：05
√					√		√		√			A	9：18
	√						√	√		√		A	10：01
√				√			√					A	10：11
	√						√	√				A	10：19
√	√	√					√	√				A	11：22

（4）行为检查表（behavior checklist）和ABC记录一样，只不过为了节省时间，把常见的ABC事件提前写出来，记录时只需要在相应项打"√"进行数据记录，具体如表3-8所示。

表3-8 行为检查表

日期	11/7
时间	9：15
行为发生频率/时长	
老师	W
前事	

续表

东西被拿走						
下达命令						
没有关注	√					
与老师互动						
行为						
抠人	√					
倒地	√					
捂耳朵						
哭闹						
后果						
无视						
阻挡行为	√					
重新下达指令并引导完成任务	√					
辅助完成正确的替代行为						
备注：						

（5）散点图（scatter plot）。优点：可以帮助发现行为和事件/时间的关系。缺点：缺乏对于行为的前事和后效的记录，因此散点图通常会和 ABC 数据结合使用，具体如表 3-9 所示。

Key：　X　= 行为发生

　　　　　　= 行为没有发生

　　　NA　= 没有数据记录

表 3-9　散点图

活动	日期									
	11月11~15日					11月18~22日				
	星期一	星期二	星期三	星期四	星期五	星期一	星期二	星期三	星期四	星期五
上课流程										

续表

活动	日期									
	11月11~15日					11月18~22日				
	星期一	星期二	星期三	星期四	星期五	星期一	星期二	星期三	星期四	星期五
自由活动										
卫生间		X	X	X		X	X		X	X
独立任务			X	X		X	X		X	X
加餐										
手工										
自由活动										
独立任务	X	X	X	X	X	X	X	X	X	X
午餐	X	X				X	X	X		
卫生间			X	X	X				X	X	X
体育课										
独立任务	X	X	X	X	X	X	X	X	X	X
下课流程										

2. 间接评估

操作程序：选择恰当的量表或确定要询问的问题—发放量表或提出问题—回收量表或记录答案—分析量表或答案—得出结论—解释结论。

（1）问题行为功能性评量表（洪俪瑜，Durand，1990），如下页表3-10所示。

（2）功能性行为评估访谈表（教师版），如下页表3-11所示。

3. 实验分析

操作程序：设计不同的测试情景—操作目标行为后的结果—记录目标行为—分析数据—得出结论—解释结论。

功能性行为评估的注意事项：

(1) 行为描述必须是客观、清楚和完整的。

表 3-10 问题行为功能性评量表

受评者：_____ 性别：□男 □女 年龄：_____岁
障碍类型与适应状况：_____ 填表人：_____（关系_____）
问题行为：_____
行为问题持续时间：□一个月内 □三个月内 □半年以内 □半年以上

	从不如此	很少如此	半数如此	经常如此	总是如此
1. 当他一人独处时他会出现这个行为 ……………	□	□	□	□	□
2. 当有人要求他做事，他会出现这个行为 …………	□	□	□	□	□
3. 当你转移注意和别人说话时，他开始出现这个行为 …………………………………………………	□	□	□	□	□
4. 当他得不到他想要的事物时，他会出现这个行为 ……	□	□	□	□	□
5. 他常一再地出现相同的这种行为 ………………	□	□	□	□	□
6. 当他遇到困难（或较需花时间）的工作时，他会出现这个行为 ……………………………………	□	□	□	□	□
7. 当你不注意他时，他会出现这个行为 …………	□	□	□	□	□
8. 当他心爱的事物被移走时，他会出现这个行为 ……	□	□	□	□	□
9. 即时周围没人在，他也会出现这个行为 ………	□	□	□	□	□
10. 当你要求他时，他会出现这个行为引起你注意或生气以反抗你的要求 ……………………………	□	□	□	□	□
11. 当你停止注意他时，他会出现这个行为来让你生气 …………………………………………………	□	□	□	□	□
12. 当你给他所要的事物时（满足他的要求）他会停止出现这个行为 ……………………………………	□	□	□	□	□
13. 他出现这个行为时常不顾他人的存在 …………	□	□	□	□	□
14. 当你停止要求他时，他会停止出现这个行为 ……	□	□	□	□	□

续表

15. 他似乎会以这个行为来要你注意,并花一点时间同他在一起………………………………………	□	□	□	□	□
16. 当他从事他有兴趣的活动时,他比较不会出现这个行为……………………………………………	□	□	□	□	□

Self: 1, 5, 9, 13 T: M: 获得刺激	Avoid: 2, 6, 10, 14 T: M: 逃避要求
GT: 3, 7, 11, 15 T: M: 获得注意	Tang: 4, 8, 12, 16 T: M: 获得想要

表 3-11 功能性行为评估访谈表

学生姓名:	访谈日期:	评估者:	受访者:
一、在所有表现出的不恰当行为请打"√"			
□攻击性行为	□扰乱行为	□自伤性行为	□迟到
□不当的语言行为	□不服从指令	□偷窃行为	□课上随意离开座位
□上课发出怪声,扰乱课堂行为	□不完成老师要求的任务		
其他问题行为(具体描述)			
二、学生生活作息与不恰当行为可能有联系 (根据实际情况在代表可能性的数字上画"○",并在其后注明具体问题行为)			

时间	课程/任务/活动	出现问题行为的可能性(低—高)	具体问题行为
	上学前	1 2 3 4 5 6	
	认知课	1 2 3 4 5 6	
	运动课	1 2 3 4 5 6	
	口肌课	1 2 3 4 5 6	
	午饭	1 2 3 4 5 6	
	午休	1 2 3 4 5 6	

续表

	多感官课	1	2	3	4	5	6	
	音乐课	1	2	3	4	5	6	
	小组课	1	2	3	4	5	6	
	生活课	1	2	3	4	5	6	
	自由活动时间	1	2	3	4	5	6	

三、具体描述通过以上两步所确定的严重不恰当行为（即在第二步中确认可能性4~6的其中一项不恰当行为）

不恰当行为的表现形式：

不恰当行为的出现频率：

不恰当行为的持续时间：

不恰当行为的严重程度：

四、不恰当行为的可能原因（根据实际情况在一项或多项前打"√"）

作为行为动因的个人因素		诱发行为产生的环境前提	
□生理条件，如遗传	□饮食情况	□老师批评	□结构性活动
□健康条件，如感冒	□学习障碍	□体力劳动	□非结构化时间
□服用药品	□技能缺失	□社会孤独	□任务无趣
□睡眠情况	□家庭矛盾	□同伴在场	□任务过多过重
□感觉统合失调	□其他	□其他	

五、不恰当行为产生的结果（根据实际情况在一项或多项前打"√"）

得到的好处		逃避的项目	
□大人的关注	□喜欢的活动	□老师批评	□讨厌的同伴
□同伴的关注	□物品	□体力劳动	□讨厌的大人
□感觉需求/自我刺激	□其他	□学习任务	□其他

六、曾经采取的干预方法及效果（有使用过的干预方法前面打"√"，有干预效果的相关项目后面打"√"）

预防性干预方法及效果		应对性干预方法及效果	
□调整时间……	□调整课程……	□老师批评……	□制止行为……
□调整座位……	□给予选择……	□惩罚……	□其他……
□其他……	□没有任何干预	□没有任何干预	

续表

七、整理和归纳访谈结果		
八、首先确定前提、行为及其结果之间的联系,然后提出关于行为功能的假设性判断,制订初期的干预方案		
个人因素和环境前提	问题行为	行为所得的结果

干预方案:

(2)要熟悉整个评估的流程。

(3)选择高频且能被观察到的目标行为。

(4)尽量避免强化不恰当行为。

(5)要进行多次重复的观察或测验来保证结果的准确性。

(二)课程本位评估

课程本位评估(curriculum-based assessment,缩写为CBA)是一种以学生为中心,以课程为核心,旨在通过对学生学习过程和结果的全面评价,来促进教学改进和学生全面发展的评估模式。它强调以课程为基准,关注学生的个体差异和全面发展,通过整合课程、教学与评估，形成一个相互支持、相互促进的教学系统。

课程本位评估不仅关注学生对知识技能的掌握情况，更强调学生综合素质的提升和实现教育目标的能力。它倡导评估主体多元化，从教育对象、社会环境、学校内部等多个角度进行全面考察，为学生提供可靠的信息和有针对性的学习指导。同时，课程本位评估也注重评估指标的具体化，将教育教学目标细化到教学过程的每一个环节，使教师能够明确教学目标，有效控制课堂教学进程，提高课堂教学效益。

课程本位评估主要包含课后评估和期末评估两大部分，主要由以下几个部分构成：

（1）评估目标：明确课程本位评估的基本宗旨，即促进学生全面而富有个性地发展，实现教育目标。

（2）评估内容：依据不同学科、不同年级、不同类型学生的认知水平与发展需求，设计具体的评估内容，包括知识技能、情感态度、学习策略等方面。

（3）评估方法：评估可以采用多样化的评估方法，如观察、测试、作品展示、口头报告等，以全面评价学生的学习过程和结果。

（4）评估主体：评估的主体可以包括教师、学生、家长等多方参与，力求形成评估主体多元化的格局。

（5）评估结果：评估结果可以以图示、报告等形式呈现，为教师提供教学改进的依据，为学生提供学习指导。

下面以生活语文和生活适应两个学科为例，展示课程本位评估样表，具体如下页表3-12，表3-13，表3-14，表3-15以及图3-6所示。

表 3-12 生活语文课程本位评估(课后)

教师:_____ 课题名称:_____

目标领域						
分目标						
听指认读						
表达与沟通						
书写						
知识拓展						

学生表现:

学生姓名	教学目标									课堂表现		
	听者		认读		表达与沟通		书写		拓展		注意力	参与度
	目标	达成率	目标	达成率	目标	达成率	目标	达成率	目标	达成率		

注:评价结果 Y(2)=独立完成;H(1)=部分完成(肢体/语言辅助);N(0)=不能完成课堂
表现:Y=很好;H=一般;N=欠佳
达成率=课后总得分/总分(总分=目标数量*2)

表3-13 生活语文课程本位评估(期末)

教师: 教师1　　　　学生姓名: 学生1
日期: _____　　　　总达成率: _____

领域	技能	通过率	未完成项目
倾听	注意与倾听	100%	
	正确听指图片	100%	
	正确听指字、词	100%	
认读	正确看图说字词	100%	教师
	正确认读字、词	100%	正 弓 术 快乐 新年
图文配对	独立完成	100%	
书写	独立书写	100%	
组词	独立完成	90%	部分词语可口语组词，书写需示范后仿写
表达	独立说句子并补充	100%	
社交沟通	社交礼仪	100%	
	沟通前备技能	83%	
	非语言沟通	75%	
	口语沟通	75%	

评价内容
汉字: 节 乐 云 雨 雪 风 鸟 虫 花 树 兔 五 向 立 正 坐
　　　弓 国 黑 术 牙 心 齿 笑 跳 白 头 爱 去 玩
词语: 贺卡　节日　国旗　教师节　快乐　中国　升起　敬礼　立正　民族
　　　古代　中国　四大发明　镜子　五星红旗　男孩　上衣　裤子　做饭
　　　奶奶　头发　好朋友　小河　新年　窗花
句子(看图说话): 9月10日是_____。祝老师_____! 爱护牙齿，我们要
_____。镜子里的_____穿着_____。我_____，他也_____。我的奶奶
有一头_____，脸上总是带着_____。奶奶送我_____，给我_____。
我爱_____!_____和_____是_____。他们一起_____。
书写项目: 节 乐 云 雨 风 虫 五 立 正 弓 牙 心
组词参考: 风—风雨　大风; 鸟—小鸟　鸟叫; 虫—毛毛虫　虫子; 牙—牙齿　刷牙

注: 通过率=所学内容的通过项/所学内容的总量
　　总达成率=各项通过率/总项目数

表 3-14 生活适应课程本位评估（课后）

学生姓名	评价目标	完成情况				教学建议	备注（课堂表现、个别化目标、辅助说明等）
学生 1	知识目标：	Y□	H1□	H2□	A□	N□		
	技能目标：	Y□	H1□	H2□	A□	N□		
	情感态度：	Y□	H1□	H2□	A□	N□		
学生 2	知识目标：	Y□	H1□	H2□	A□	N□		
	技能目标：	Y□	H1□	H2□	A□	N□		
	情感态度：	Y□	H1□	H2□	A□	N□		
学生 3	知识目标：	Y□	H1□	H2□	A□	N□		
	技能目标：	Y□	H1□	H2□	A□	N□		
	情感态度：	Y□	H1□	H2□	A□	N□		
……	知识目标：	Y□	H1□	H2□	A□	N□		
	技能目标：	Y□	H1□	H2□	A□	N□		
	情感态度：	Y□	H1□	H2□	A□	N□		

评量代号说明：Y：独立完成、已习得；H1：示范或提示下完成；H2：半辅助下完成；A：全辅助下完成；N：不能完成、未学习

教学建议代号说明：1 暂时搁置；2 继续练习；3 泛化；4 维持

表 3–15　生活适应课程本位评估（期末）

教学班级：_____　学生姓名：_____　学生 1　评价者：_____　教师 1　日期：_____

评价类型	评价目标	期初分数	期末分数	总体评价	柱状图
知识	认识电热水壶	4	4	期初完成度： 知识：80% 技能：70.8% 总体：72.1% 期末完成度： 知识：100% 技能：95.8% 总体：97.9%	生活适应课程期末评价 知识 期初完成度 100.00% 期末完成度 100.00% 技能 期初完成度 70.80% 期末完成度 95.80% 总体 期初完成度 72.10% 期末完成度 97.90%
知识	认识 5 种安全标识	2	4		
知识	知道 1 月 1 日是元旦	4	4		
知识	知道国庆节的日期	4	4		
知识	认识并能准备好刷牙的相关用品	2	4		
技能	能征求许可问"我能和你一起玩吗？"	4	4		
技能	能在别人邀请一起玩时回答"好呀！"	4	4		
技能	能发出邀请说"我们一起玩吧！"	4	4		
技能	知道刷牙的正确方法与步骤	2	3		
技能	能说出春节的 3 种传统习俗	3	4		
技能	能说出自己身高、头发 2 个方面认识并简单描述自己的外貌特征	2	4		
技能	能从脸型和眼睛 2 个方面认识并简单描述自己的外貌特征	2	4		

代号说明：知识：4 – 已习得；3 – 填空；2 – 命名，半辅；1 – 听者，指认；0 – 仿说。技能：4 – 独立完成（100%）；3 – 语言辅助（75%）；2 – 肢体半辅（50%）；1 – 全辅（25%）；0 – 无法完成

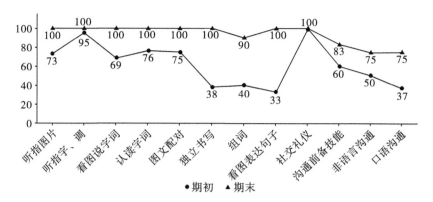

图 3-6　学生 1 在 202X—202X 学年第一学期生活语文 & 社交沟通课程本位评估能力增长图

第二节　评估方法

一、观察法

观察法是教育评估的基本方法之一。观察法是指评估者通过对被评估者可观察的心理现象和行为表现，进行有目的、有计划的观察和记录而进行评估。观察法主要内容包括对被评估者的仪表（穿戴、举止、表情）、身体外观（即胖瘦、高矮、畸形及其他特殊体形）、人际沟通风格（大方或尴尬、主动或被动、易接触或不易接触）、言语（表达能力、流畅性、中肯、简洁）、动作（过少、适度、过度、怪异动作、刻板动作），在交往中表现出的兴趣、爱好、对人对己的态度，感知、理解和判断能力和在困境情景中的应对方式。观察的结果需要经过科学而正确的描述，并加以量化。

二、调查法

调查法是对被评估者相关的档案、文献、经验以及当前问题有关内容的历史与现状进行调查的心理评估方法。调查的内容主要包括家庭背景、父母生育史、医疗史、教育史及个人发展领域的表现状况、挑战性行为(尤其是自伤或攻击行为等)、喜恶偏好、感觉运动能力和沟通交流技能等。

三、访谈法

访谈法是通过对被评估者或其照料者进行访谈，了解其心理信息，同时观察其在访谈时的行为反应以补充和验证所获得的资料，并进行描述或等级记录，以供分析研究的评估方法。对孤独症儿童而言，访谈的主要对象是其家长。对家长访谈不仅可以掌握学生当前的能力和日常生活能力，以及有关学生在学习上的特殊需要等关键信息，而且可以了解家长对学生教育目标的意见和建议。

在访谈家长时，教师首先应学会与家长沟通，特别要注意相互尊重，尽可能地确保最少地侵犯家庭的隐私。访谈时可能需要向家长提出许多问题，为了提高访谈的效果和质量，教师事前应和其他团队成员拟定好访谈提纲，或绘制一个调查表格。许多评估工具也可以为访谈提纲的拟定提供很好的参考，例如各种适应行为量表、功能性活动量表等。不过，在选择任何一个或多个量表参考使用之前，团队成员应确保该量表适合用于被访谈家长的孩子。

四、测验法

测验法是依据一定的心理学原则和技术，对被评估者的某一行为变量进行客观的、直接的测量，获得绝对的量化记录，从而确定行为在性质或程度上的差异方法。测验要遵循客观化、标准化的原则，避免一些主观因素的影响。

第三节 教育评估的实施

孤独症儿童的教育评估的组织和实施主要包括三个环节,包括准备阶段、测评阶段和综合分析阶段。

一、准备阶段

(一)了解评估对象

在评估孤独症儿童之前,评估教师需要收集评估对象的背景信息,包括个人信息、家庭情况、医疗历史以及任何已知的发育或行为问题。这些信息将有助于评估教师更全面地了解儿童的情况,并指导后续评估步骤。

此外,还需要了解儿童的偏好信息。评估教师会通过访谈的方式向家长了解儿童的偏好物,也可以通知家长在评估时携带孩子的偏好物,例如他喜欢的和熟悉的活动、歌曲、电影、点心和家庭成员等,利用这些信息可以使评估教师熟悉儿童的兴趣。

由于偏好物可以很好地调动儿童的积极性,因此这些信息对识别潜在的物品以便用于提要求、命名(强化物)、听者辨别(指认强化物)的评估也很有用。

(二)准备评估材料及环境

设置评估室专门进行评估工作,评估室一般由沙发、供儿童和评估教师进行桌面活动的桌椅、评估材料及玩具组成。在评估前,教师需要将计分表、笔、秒表及访谈表准备好,为保证评估的顺利进行,建议评估教师按阶段归纳卡片等材料。

二、评估阶段

(一)评估教师与儿童建立联系

一些儿童在发现自己熟悉的人不在时,有可能会产生不安甚至哭闹的情况。评估教师可以先安抚儿童,多给他一些时间,并且将自己与有趣的活动和奖励物的发放联系在一起,这样,儿童才会轻松地与教师在一起。另外,在开始时,评估教师也要把自己的要求保持在最低的限度,然后谨慎地往前推进。

但是在此过程中,评估教师可以通过观察来获得一些计分机会,例如在玩玩具时可以根据儿童与游戏的互动情况对独立游戏领域打分,在操作玩具时根据儿童是否能模仿他人的动作对模仿领域打分,也能对基本的视觉配对领域打分。

(二)正式评估

随着良好关系的建立,评估教师开始进入正式的评估阶段,这时要开始控制强化物,当儿童做出正面行为后要给予强化,除了对评估条目的反应,对于儿童的集中注意力、安静坐好、眼神交流和微笑等也要给予间歇性的强化和自然又积极的社会性强化,例如"你看我啦,真棒!""你小手放在腿上了,坐得真好!"等具体行为表扬。根据儿童的情况,可以坐于课桌面前和自由活动穿插进行,也可以持续进行一种;可以每个领域的评估穿插进行,也可以针对某一领域持续评估。像教学一样,评估也是个别化的。但在这个过程中适当给予儿童短时间的休息,尤其是年龄比较小的儿童,评估可以慢慢进行。其目的是要得知儿童能做什么,并没有时间的限制。在休息时,儿童可以上厕所、吃点东西、自由活动等等,但是不要让他玩最有效的强化物。当休息时间快到时,应给予他提示,例如"休息时间快到喽!"

在休息之后,重新进入评估的时候,可以交替呈现简单和较难的任务,如果儿童没有做出正确反应,评估教师可以视情况重复问题或任务2~3次,并要对儿童的努力给予正面的反馈。

(三)结束评估

评估结束后,评估教师需要收集和汇总各项专业性检查测定资料,编号装袋,核查有无遗漏。

在评估过程中,与孤独症儿童建立信任关系是至关重要的。为了让他们感到舒适和安全,评估教师应以耐心和友善的态度与他们互动。通过温和的语言、亲切的微笑和适当的肢体接触,与他们建立紧密的联系。这有助于让他们放松并更好地配合评估工作。

同时,观察孤独症儿童的表现并记录其行为特征和表现水平是评估过程中的重要任务。观察应细致入微,记录应准确无误。这不仅有助于全面了解孤独症儿童的能力和需求,还能为后续的教育计划和干预措施制订提供有力依据。

对于年龄较小或能力较低的儿童,评估教师需具备足够的耐心和技巧。通过适当的引导和辅助,确保评估结果的准确性。在整个评估过程中,应始终对儿童保持耐心和关注度,尊重儿童的个性和独特性。避免使用任何负面语言或强制手段,以免对其造成心理创伤或负面影响。

此外,在整个评估过程中,应注意保护儿童的隐私和个人信息,确保其权益得到充分尊重。

三、综合分析

(一)分析资料

1. 求同存异

评估教师把可靠的资料与需要证实补充的资料分开。有些用间接方式获得的资料,如通过访谈父母所获得的资料可能有误差,即使是通过直接观察所获得的资料也可能因各种因素的介入而引起评估对象行为的改变。因此,在对资料进行综合之前必须明确哪些资料是准确的,哪些资料需要进一步的证实。

2. 找矛盾,探原因

评估教师需要分析所收集的各种评估资料之间是否有矛盾,若有矛盾,则要分析其原因,还要分析哪一个更可靠,或重新验证。

3. 剔除无效资料

评估教师需要剔除对评估和制订教学计划无用的资料。搜集到的资料,有些虽然很真实、很准确,但是这些资料对于制订教育教学计划无用,评估教师必须果断地剔除这些无用资料,以免影响判断。

(二)得出结论

评估教师需要运用专业知识以合理的方式分析、比较和解释各种资料,根据评估目的对评估对象的心理发展状况、存在的各种问题及需要的特殊支持等做出书面结论。

(三)提出建议

评估教师应根据评估结论,向教师和家长提出书面的教育、康复等方面的建议,为制订个别化教育计划提供指导。

第四节 教育评估结果的运用

教育评估不仅是衡量学生学习成效的重要手段,更是促进学生全面发展、优化教育资源配置的关键环节。评估结果的合理使用,能够直接影响教育质量与学生个体成长。在拿到学生期初教育评估结果后,教师可以全面了解学生发展状况,提出教育安置建议,制订每个学生 IEP 中具体的课程目标和教学内容。同时,对于课程设置、分层教学目标和教学策略等方面的重要作用也不可忽视。

一、全面了解学生发展状况

评估结果首先为教育者提供了学生综合发展的全貌。通过定期的学业测试、行为观察、心理测评等多种评估手段,教师可以系统地收集学生在知识掌握、技能发展、情感态度、社交能力等多维度上的表现数据。这些数据不仅揭示了学生在特定学科上的强项与弱项,还反映了其性格特质、兴趣偏好及潜在的学习障碍。基于此,教育者能够更精准地把握每个学生的独特性,为后续的教学支持与个性化发展策略提供科学依据。

二、提出教育安置建议

基于评估结果,我们可以为学生提出个性化的教育安置建议:对于社交技能和学习能力较强的孤独症学生,融合教育(即与普通学生一起学习)可能是一个合适的选择;而对于需要更多专业支持和个性化指导的学生,则特殊教育资源教室可能更为恰当,这些教室配备有专业的特殊教育工作者和必要的辅助设备;此外,在学生的特

殊需求无法在学校环境中得到充分满足的情况下,居家教育也可能是一个更佳的选择。

三、制订个别化教育计划

个别化教育计划(IEP)是针对有特殊教育需要学生的定制化教学方案,以指导制订更加精准的教学计划。通过分析评估数据,教师可以明确学生的学习目标、短期与长期成就指标、所需的教学方法和支持措施,以及评估进展的方式和时间点。个别化教育计划的实施,确保了教学活动的针对性和有效性,促进了学生个性化学习路径的形成。

四、提供分层教学指导

孤独症儿童具有高度的异质性,这也决定了孤独症的集体教学不是整齐划一的。在教学中教师要根据学生的个性特点开展充分的分层教学。如晨星学校在集体教学中采用"三式一体"的教学组织形式,即将常见的"个训、小组活动"与"集体教学"有机融合,在注重共性的同时,努力促进每个学生的个性发展。

首先,将评估结果用于确定每个儿童在集体课堂中的分层个性目标。例如,在语言表达能力方面,根据 ABLLS-R 这一领域评估结果,将儿童分为不同层次,为每个层次设定具体的目标,如下页表 3-16 所示。能力较强的儿童目标可能是进行较为复杂的故事讲述,而能力较弱的儿童目标可能是对所见事物的简单命名。

其次,评估结果也会作为课堂分组学习活动的参考。对于发展水平相近的儿童,安排在同一小组进行学习活动;对于发展水平差异较大的儿童,则采用个别辅导或小组合作学习的方式进行个别化学习活动。

表 3-16　一年级劳动技能课《擦桌子》教学目标

教学目标	具体内容
集体教学目标	知识与技能目标：学生会自己把抹布打湿；能擦拭桌面；能洗抹布；把抹布放在固定的位置； 过程与方法目标：学生在体验实践法中体会生活自理的乐趣； 情感态度价值观目标：培养学生学会自己的事情自己做，在家里能够帮助家长分担简单的家务； 康复目标：全体学生能提高生活自理技能
分层教学目标	A 层学生：能够独立用湿巾擦拭桌面；把湿巾扔进垃圾桶； B 层学生：在老师的语言辅助下学会自己用湿巾擦拭桌面；把湿巾扔进垃圾桶； C 层学生：能在老师的身体辅助下学会自己用湿巾擦拭桌面；把湿巾扔进垃圾桶

第四章　孤独症儿童个别化教育计划

个别化教育计划(individualized education program，IEP)源自美国的特殊教育改革与实践。个别化教育计划是为某个特殊需要学生制订的旨在满足其独特教育需要的指导性教育文件。它清晰而详细地阐明了一个特殊需要学生所应接受的个别化特殊教育和相关服务。孤独症儿童个别化教育计划描述了孤独症儿童现有发展水平，具体规定了在较长时间内其需要达成的发展目标，达成这些目标所需要的服务以及如何评价目标的达成情况。它既是对孤独症儿童教育和身心全面发展的一个总体构想，又是对他们进行教育教学工作的指南性文件，实质在于满足孤独症儿童特殊需要、支持其充分而有效地参与学习。

第一节　个别化教育计划的制订

一、个别化教育计划构成要素

(一)个别化教育计划的依据

个别化教育计划主要依据教育评估结果及课程拟订。而教育评估主要解决该学生的教育起点、教育原因探索，并列出教育教学方案。课程是教育评估的重要依据，同时提供教学内容、目标。

(二)个别化教育计划参拟人员

个别化教育计划参拟人员含教师、家长、各类测评人员，如医生、心理学家等，可能儿童本人也会参与共同拟订，主要执笔人是教师。

(三)个别化教育计划项目内容

个别化教育计划一般包括以下六个部分：

1. 基本资料

(1)孤独症儿童的基本信息：如姓名、性别、出生日期、家庭住址、联系电话等。

(2)家庭的基本信息：如父母或监护人联系信息、同住家庭成员信息、家长支持及家庭需求等。

(3)孤独症儿童的发展史：简述儿童自出生起的成长过程，包括健康状况、重要的疾病与治疗史、教育与康复训练经历等。

2. 评估结果及分析

通常包括基于孤独症儿童诊断和评估结果的表现，主要包括：

(1)诊断结果：如障碍类型、障碍程度、是否为多重障碍等。

(2)现有学业成绩和功能表现水平描述：基于教育评估结果，描述其认知能力、沟通能力、感知运动能力、社会适应能力、健康状况、生活自理能力等的技能水平，以及语文、数学等学科领域的学业表现和兴趣偏好等。

(3)障碍状况对其学习及生活的影响：根据儿童的障碍状况、特殊需要以及学习能力水平，对课程或教学活动(环节)进行哪些适当的调适和调整。

3. 长期目标（年度或学期目标）

说明年度或学期的学习重点，可以分学科或发展领域呈现。

4. 短期目标（教学目标）

说明达成长期目标的各阶段性目标，有具体的步骤和内容，是完成长期目标的保障。

5. 教育与相关支持服务

通常包括儿童所需特殊教育、相关专业服务及支持策略。主要包括：

（1）教育安置方式：说明儿童的教育安置场所，如随班就读、特殊教育班、特殊教育学校或送教上门。

（2）课程与教学安排：说明儿童的课程与教学安排，如哪些课程是参与集体教学，哪些课程是进行个别化教学等。

（3）相关服务：说明为该儿童提供哪些相关服务，如交通工具、医疗服务、言语训练、心理辅导、行为训练（矫正）、物理治疗、作业治疗、社工服务、家长咨询等。

（4）转衔服务：如果该儿童处于转衔阶段，如幼升小、小升初等，说明转衔服务的内容。

6. 计划推进评估与进展追踪

量化评估与质性评估相结合、与短期目标对应着进行进展追踪，并根据学生实际表现动态修订目标和策略。

二、个别化教育计划制订原则

制订个别化教育计划时应把握两个基本原则：特殊需要与分项撰写。

（一）特殊需要

要确定孤独症儿童有何特殊需要，这主要依据对其教育需要进行的评估。教育需要的评估应重点考察两个方面：一是考察在学校课程中，障碍是如何影响孤独症儿童的学习参与和进步的，如何减少或消除这些消极影响，从而支持其能够参与学校课程学习并取得进步；二是除了参与学校课程学习之外，障碍对于孤独症儿童学习与发展的影响还会引发哪些其他的特殊教育需要。例如，对于孤独症儿童来说，社交沟通训练以及建立集体规则意识能力就是其特殊需要。这样，学习表达需求、回应及非语言沟通技能，进行等待轮流训练等内容都是为了满足他参与学校课程学习的需要。因此孤独症儿童的个别化教育计划的主要内容也就是围绕这些需要所制订出的具体对策方案，支持其有效地参与学校课程的学习。如果是一个具有情绪行为问题的孤独症儿童，在个别化教学计划的制订上不仅要调整其学科课程的目标内容、教学策略，还要将语言沟通训练、情绪行为管理等内容列入其个别化教育计划。

（二）分项撰写

分项撰写就是在制订个别化教育计划时，将某一方面的特殊需要支持分项计划内容列入个别化教育计划，每一项目标内容都要按照学生的现有水平、年度目标、特殊需要、评价方式等一一列出。以上面所举的具有情绪行为问题的孤独症儿童为例，应该分别从课程调整（学业学习）、语言沟通、情绪行为管理等方面分别列项，再分步撰写。因此，一份完整的个别化教育计划主要由多个分项的目标计划组成，而不同的分项目标计划一般由不同的相关人员负责制订撰写。如果牵涉语文、数学等学科的目标内容就由相关的任课教师制订撰写，如果是情绪管理或行为干预方面的目标就由有关负责训练的人员制订撰写，然后由个别化教育计划制订总负责人进行最后的统一整理，最后形成一份完整的个别化教育计划。

三、个别化教育计划目标陈述

个别化教育计划的主要内容是长期(年度或学期)目标和短期目标。制订这些目标的目的是既能使孤独症儿童参与课程学习并取得进步,又能满足其因自身障碍产生的其他教育需求。长期目标是描述孤独症儿童在提供特殊教育服务的一年或一学期内能够达到的期望情况。个别化教育计划目标应与学生所需要支持的领域相对应。具体来说,如果孤独症儿童需要提供特殊教育支持的领域是语文、数学、社会交往或行为干预、生活自理等,那么个别化教育计划所列出的目标中应与其相对应。因此,年度目标和短期目标的陈述要清晰、可测量。

(一)长期目标的陈述

个别化教育计划中对于目标的陈述,不能宽泛、模糊,必须是可观察、可测量的。诸如"通过学习提高小明的阅读速度",或是"学会10以内的加减法"等都是不可测量、不可观察的,都是笼统的表述方式。如果采取这种表述方式,那么这些宽泛的表述之后必须附有可测的、具体的短期目标或表现标准,以此用来评估其年度或学期目标的达成情况。因此,目标陈述应该包含有意义的具体信息,即具有可测量性、可观察性。

长期目标的陈述要做到可测量、可观察,一般需要包括目标时间、目标主体、目标行为、目标条件、目标标准、测量方法等六个要素。通俗简单地概括就是要具备以下六项指标:①什么时间范围;②谁;③将做什么;④在什么条件下;⑤达到什么熟练水平;⑥如何来测量。

目标时间指的是目标达成的日期或干预的时间长度。例如:"到2025年5月"或"在4周内"。

目标主体就是孤独症儿童。个别化教育计划是为一个儿童单独撰写的。

目标行为是指孤独症儿童要完成的具体任务。陈述了某个特殊需要领域的技能或行为方式在现有的表现水平上将发生的变化。

目标条件描述的是孤独症儿童达成目标所需的必要支持条件，即环境安排或孤独症儿童需要的支持程度（如口头提示或实物演示）。如果没有准确具体地描述条件，很难确定孤独症儿童是如何完成任务及其实际能力是怎样的。

目标标准又称表现标准或通过标准，反映孤独症儿童技能或行为的精熟水平。一般来说，确定是否达到熟练水平或通过标准的主要因素包括：孤独症儿童已有的基准线或当前表现水平，所教授任务或技能的类型，孤独症儿童练习的频率、周期及教师指导的力度，可提供的支持服务与帮助，针对需求领域有意义的教育环境等。根据具体任务类型，一般目标标准描述的指向有以下几个方面：独立完成的程度（辅助或辅助的程度）、达成的正确性（如5次中有几次通过、答对的百分比）、达到的熟练度（连续几次通过）、完成的质量或速度等。

下面举两个长期目标陈述实例：

（1）到本学期结束时，小明对三年级语文课本中列出的80个常用词，认读正确率达到90%。

（2）一个月后，小明在视觉提示下，对数量10以下的按物取数的任务，5次中有4次正确。

（二）短期目标的陈述

短期目标是实现长期目标所需的中间步骤。从目标具体陈述的角度看，短期目标是年度目标的另一种陈述方式，可看作是对年度目标的细化或分解。短期目标是可测量的。

短期目标的功能是将年度目标描述的技能细化分解，并在年度目标的实现过程中逐步提高技能挑战性。例如，一个孤独症儿童的年度目标是能够自己独立地进食，那么短期目标按进程就可能依次包括：抓握匙勺、用匙勺获取食物、用匙勺把食物从盘子送到口中，进而最终达标。

对短期目标的陈述一般分为两步。首先对年度项目目标给出概括的说明，接着再给出3~4个更具体的、可测量的短期目标。当个别化教育计划目标伴有相关短期目标时，年度项目目标可以描述得笼统一些。它的可测量、可观察性主要体现在后面的几个短期目标的描述中。下面就语文学科与社会交往领域目标描述各举一例：

例1：学科——语文

长期目标：3月底，小明学会辨识10个常用词语。

短期目标：

(1)到3月10日，当老师读出10个不同的常用词时，小明指出相关词语的正确率为80%。

(2)到3月20日，当老师指着10个不同的常用词时，小明读出相关词语的正确率为80%。

词语学习的目标是按指认、读认的难度逐渐递进的。

例2：社会交往领域

长期目标：提高小明眼神互动交流的次数。

短期目标：

(1)第一周，当班主任看着小明叫他名字时，小明6次中至少4次能做出眼神互动的交流。

(2)第二周，当任课教师看着小明叫他名字时，小明6次中至少4次能做出眼神互动的交流。

(3)第三周，当同班同学看着小明叫他名字时，小明6次中至少

4次能做出眼神互动的交流。

(4)第四周,当巡回教师看着小明叫他名字时,小明6次中至少4次能做出眼神互动的交流。

在这个短期目标的陈述中,以4个不同交流对象作为标准,来衡量目标是否真正达成。否则,很难说明孤独症儿童在其他情境中或与其他对象交流时能够真正迁移泛化。

从上面的例子中可以看出,短期目标的撰写与长期目标一样,一般也要包含6个要素,才能做到可测量、可观察。长期目标、短期目标必须通过具体的课堂教学来实现,也就是说它们对指导具体的教学实施很有帮助,但是不能代替教案。

第二节　个别化教育计划的实施

一、学校实施

学校是实施个别化教育计划的"主战场"。教学目标主要是通过教学活动实现的。教学活动可以在课堂教学中进行,也可以在课堂以外进行,如资源教室、个别化辅导教室等。

(一)在集体教学中的实施

在集体教学环境中为孤独症学生实施个别化教育计划,教师不仅需要深入了解孤独症学生的特点,还需具备高度的灵活性和差异化教学能力。在集体教学中实施IEP的策略有以下几种:

1. 课程调整

(1)对教学内容进行改编。根据IEP中设定的目标,对课程内容

进行深度改编,以适应孤独症学生的特殊需求。

例如,为增强他们的视觉理解能力,可以使用大量图片和视觉提示来解释复杂的概念;对于注意力难以集中的孤独症学生,可以设计简短、有趣且易于理解的讲解片段,并辅以视觉或听觉刺激来吸引他们的注意力。

(2)融入社交技能训练。在课程设计中融入社交技能训练,如角色扮演、小组合作等,以帮助孤儿症学生逐步学会与他人互动和沟通。

这些活动应设计得简单明了,避免过于复杂或具有挑战性的情境,以免给孤独症学生带来压力。

2. 分组教学

在小组活动中,可以采用异质分组策略,让不同能力水平的孤独症学生一组,或者让孤独症学生与其他类型的学生一起合作,以促进他们之间的互助学习和社交技能的提升。

同时,为了在某些特定领域(如数学或艺术)提供更深入的指导,也可以采用同质分组策略,将具有相似能力或兴趣的学生放在一起,以便教师能够更专注于他们的需求。

3. 运用现代辅助技术

充分利用现代辅助技术,如语音识别软件、电子教材、平板电脑等,来帮助孤独症学生克服学习障碍。这些技术可以提供视觉和听觉上的支持,帮助孤独症学生更好地理解课程内容。

(二)在个别化教学中的实施

个别化教学是个别化教育计划实施的核心环节,它强调一对一或小班制的精准教学。

因此教师要依据 IEP 中的具体目标,为孤独症学生设计具有针对性的教学活动。这些活动应紧密围绕孤独症学生的当前能力和发展目标,确保既具有挑战性又不过于艰难,以激发他们的学习兴趣和动力。如图4-1所示，从学生VB-MAPP评估结果中，我们能够看到该生基本具备第一阶段和第二阶段内的大多数技能，以及第三个阶段内的部分技能，且社交、对话、模仿三个领域的技能属于其弱势项目。

图4-1 某学生VB-MAPP评估得分图

基于此，在个训课教学目标的设计上，可以加强学生弱势技能的干预，在对话领域，设计如下教学目标，如表4-1所示。

表4-1 某学生个训教学目标

教学领域	教学内容
对话	镜像对话（类别描述）：XXX是XX类
	镜像对话（功特类任意两组描述） 【例：筷子是长长的、用来吃饭的】
	镜像对话（功特类任意三组描述） 【例：筷子是长长的、用来吃饭的、生活用品类的】

续表

教学领域	教学内容
对话	因果关系句式练习：因为手脏了，所以要洗手（完成后可反问：之所以要XXX，是因为XXX） 【通过图片帮助其建立因果关系认知】
	因果关系句式练习：因为衣服脏了，所以要洗衣服（完成后可反问：之所以要XXX，是因为XXX） 【通过图片帮助其建立因果关系认知】
	因果关系句式练习：因为生病了，所以要吃药（完成后可反问：之所以要XXX，是因为XXX） 【通过图片帮助其建立因果关系认知】
	因果关系句式练习：因为天黑了，所以要开灯（完成后可反问：之所以要XXX，是因为XXX） 【通过图片帮助其建立因果关系认知】

二、家庭实施

个别化教育计划进入家庭教育是实施个别化教育的重要一环。

广义的家庭教育指在家庭中每个成员自始至终接受的教育活动，不仅是父母对于子女的教育，也包括子女对家长的影响。这一教育过程贯穿整个人生。

孤独症儿童家庭教育目的在于补偿缺陷、发展潜能，为孩子提供良好的养育环境，打好早期基础，做好义务教育成长支持和职业教育成人生活关照，努力地与学校、医院、社会合作，获得尽可能多的资源与支持，促进孩子身心发展。

孤独症儿童家庭教育具有启蒙性、随机性、感染性、权威性、针对性、全面性、终身性、责任与伦常性等特点，针对孤独症儿童的家庭教育秉持正确导向、理性施爱、培养孩子生活常规等基本原则。①

（一）孤独症儿童个别化教育计划进入家庭教育的流程

孤独症儿童的个别化教育计划进入家庭教育的流程是：家庭参与自己孩子的个别化教育计划拟订→家长与教师和相关人员共同讨论并落实个别化家庭支持计划→家长坚持实施个别化教育计划和家庭支持计划→家长在与孩子互动中形成家庭教育目标。

孤独症儿童家庭教育原则可从以下几个方面进行思考：

1. 正确导向

遵循育人规律，依据青少年儿童身心发展特点以及个性、品德形成规律，以培养目标和儿童个别化教育计划为依据，总结家庭教育经验，追求家庭教育实效。家庭导向需点点滴滴积累，循循善诱推之。

2. 理性施爱

孤独症儿童教育需要情感和理智相结合，对孩子的教育宽严相济，有关心、有耐心，同时又有要求、有引导。

3. 尊重、公正

孤独症儿童在家庭应获得作为家庭成员的地位，并享有公正、公平的对待，不因其障碍而失去独立性或过分娇惯。也不因其障碍而放弃自我成长。只有获得尊重的孩子才能形成自尊、自立、自强的良好个性。

4. 要求适度

孤独症儿童家庭教育在度的把握上随时要有较为准确的拿捏，

---

① 张文京，严小琴. 特殊儿童个别化教育：理论、计划、实施，3版[M]. 重庆：重庆大学出版社，2021.

具体表现在对孩子的期望要适度,教育目标定得要适度,家庭教育时间、空间、环境要适度,家庭协助支持要适度。

5. 教育一致性原则

具体表现在家庭与学校教育的一致性,家庭成员对孩子教育态度、方式、要求的一致性,家庭教育基本原则保持一致性。

6. 家庭教育的坚持及一贯性

孤独症儿童的家庭教育伴随其一生。家庭教育有阶段性任务,在不同的年龄、不同的生长阶段有各自的教育特点和重点,同时各阶段又有首尾相连的贯通性特点。家庭教育是连续不断的,应在孩子成长各转接点上予以关照,坚持不懈地守护。

(二) 孤独症儿童家庭教育策略与方法

1. 情境教学

孤独症儿童家庭教育大部分在生活情境里进行,生活情境中的人、事、物,都很自然、生动、不刻意,有充分的时间与空间。

2. 小步子、多反复

对孤独症儿童的教育要分小步进行,比如孩子洗手中的搓手要分步教,搓手分为搓手心、搓手背、搓手指缝,多循环、多反复。

3. 尊重孩子的需求

家庭教育要了解孩子的起点、水平、兴趣和需求,给孩子选择的机会,依据孩子实际情况施以教育,教育要适时、适量、适度。

4. 温柔坚持

将孩子日常生活中的良好习惯培养放在重要位置,在教育中本着坚持、不破例的原则,在温柔中坚持,并保持教育的一致性。

5. 让孩子成功

家庭要给孩子成功的机会，不要只是指责、批评、否定，为孩子创造成功的可操作环境，多付出关心、鼓励和肯定。成功的取得不可太容易也不宜过于困难，在战胜困难后的成功较具推动力。

(三)孤独症儿童家庭支持的具体服务内容

1. 家庭访谈

教师到独孤症儿童家中与家长交谈、沟通，了解儿童情况，讨论教育计划。家访分为学生入学前、就学中和离校后三种。家访要有计划、有目的和安排，也要守时守信，大方、自然、诚恳，建立家长的信心，尊重家长、理解家长、帮助和支持家长解决一定的问题。

2. 家长咨询

家长希望向学校教师征求问题的解决方案。要做好家长咨询工作，教师需有一定的修养和较为广博的知识，准确掌握班级情况，并累积咨询服务经验。还要对学生、家长、家庭的隐私保密，学习咨询技能，创设咨询环境。

3. 家长培训

对孤独症儿童家长培训重要且迫切。培训应有计划、内容、时间、形式的安排，应广泛吸纳多学科培训师资，满足家长成长需求，提供家长相互的交流合作。家长培训是经常性的工作，应追求实效性，考虑到家长培训的量大面宽，编写家长培训手册和家长成长手册是一项事半功倍的工作。

4. 家长会

家长会的目的是增进家校的联系、沟通信息，为儿童成长发展进行交流和抉择。

5. 家长组织

家长组织又称为家长团体，是家长联合起来为孩子的权利和发展而形成的集体，可能由校方组织，也可能由家长自己组建，还有各地家长自己组织的，如孤独症儿童家长会、脑瘫儿童家长会等团体。各类家长组织日益成熟，表达着孤独症儿童及家庭的利益和诉求，也提供着社会服务。

6. 送教上门

送教上门指专业人员到孤独症儿童家里进行的教育和康复服务。主要针对年龄较小的儿童或障碍较重的儿童。家庭有特殊需要的也可提供送教上门。送教上门专业人员直接进入家庭指导，将技术教授给家长，协助家庭成员了解儿童的成长情况及需求，提供家长参与团体和亲子活动的机会，协助家长寻求特殊教育资源与支持，并整合资源。送教上门以孤独症儿童真实生活环境为主，在教导儿童的同时做好技术教授工作，注意结合儿童家庭生活作息，与家长成为合作伙伴。其服务流程为：接案→家访→评量→个案会→拟订个别化家庭服务计划（IFSP）→示范并执行计划→评估计划→结案并追踪。送教上门应注意与家长关系的融洽，相互尊重，以服务为目的，做到守时、守信，提供优质服务。

7. 转衔教育

孤独症儿童的转衔教育指儿童入学前转至学校阶段的服务，以及由学校转入就业等过渡期的教育。环境改变带来诸多适应问题，因而受到关注。转衔的服务模式有生活中心生涯教育模式、社区适应模式、全方位无缝转衔模式。转衔要素主要有转衔时间、与家长合作、转衔方案、多学科专业团队合作。

第三节　个别化教育计划的评价与修订

　　了解个别化教育计划长短期目标的达成情况，可以进一步掌握学生的学习速度、范围、深度、所达到的水平及学习的态度、特点等情况，同时为教师提供反思教学的机会，检查 IEP 拟订是否合适，教材、教法、教学过程的选择与安排等是否有效，提供有说服力的依据，检查支持辅助系统的工作情况。IEP 执行一学期后，需对每一个学生的 IEP 进行评量，也可以在学期中进行一次评量、检查 IEP 执行情况，这样的评量是后续 IEP 的新起点。

一、实施效果的评量与修订

　　首先，应评量长短期目标的达成情况。IEP 中每个短期目标后面设有等级评量栏，教师设计情境或活动，观察学生在评量中的反应，按评量标准在该栏中填上该项目标实际达到的等级。综合分析讨论后确定该目标在下一期的个别化教育计划中是执行还是更换。

　　其次，就现有目标达成情况进行分析。具体项目如下：

1. 学期分析

　　分析该生未达成该目标的原因、本学期该生在各领域或各科中的学习状况、针对本学期与下学期教学的教师教学建议及家长建议。

2. 学年课程规划分析

　　涵盖学期目标的执行状况、课程评量、环境评量。下一期个别化教育计划应考虑：

　　（1）学生通过努力能达到的细目。

(2) 学生最亟须具备的能力。

(3) 家长、教师希望学生获得的能力。

(4) 环境所要求的改变。

填写新的 IEP，完成后交相关人员保存，作为该生一学期教育的依据。

二、对课堂教学的评量与修正

修正教学指教学活动当中或者是教学活动后对教学过程、教学效果进行检查，并对教学做即时的调整。对教学稍有感觉的教师都会不断修正自己的教学活动，此处的修正教学特指对教学本身的修正，不含行政措施或人际关系等对教学的影响。因修正教学在每日教学、每节课教学中均应思考，故在此讨论。

修正教学是教师对教学活动和效果的检查，是教学进步和教学更新的标志。教师通过修正教学提高了自己，增加了教学的主动性，又有利于满足学生教育需求。

1. 修正教学的依据

主要有以下几点：

(1) 学生的个别化教育计划。

(2) 教学活动设计中的教学目标、内容、方法、步骤等。

(3) 执行教学中方法运用、协助程度。

(4) 学生的学习特质。

(5) 教师的经验和理解。

2. 修正教学的步骤

修正教学的具体步骤有以下几个方面：

（1）找到需修正的目标。

需修正的目标往往是教学活动设计当中，教学久而无法完成的目标。

（2）分析原因，分析影响教学目标达成的原因。

①影响教学目标达成的原因较多，在做原因分析时可按教学双方（教师方、学生方）分别检查，也可按教学流程中的各阶段进行分析：

□学生是否有机能上的障碍，而教育诊断或教学设计时考虑不周？

□学生的行为是否因学生情绪、行为的障碍影响了教学的进行？

②教学上的原因应逐项检查教学活动主题与活动目标：

□学生的 IEP 目标搭配是否有误？

□目标是否过高或不符合学生目前实际？

□对学生的学习态度把握是否不准确？

□对学生的学习特性与学习能力评量是否有误差而致提供的支持、协助太过、太低或不当？

□是否教学方法运用不适当？

□任务分析不到位？

□练习次数不足？

□教学环境不好？

□教具不适宜？

□学生还未有基本学习能力？

□教师教育态度不够，引起学生学习不良？

③特殊儿童的教育教学活动以目标为导向，强调个别化教育的原则，但在具体执行中常出现：

□不分析目标就直接教学；

□只有活动而无目标，缺少评量；

□目标与活动无关；

□小组教学变成每人各给10分钟的教学，齐头式而面面俱到的教学、注入式教学；

□全凭主观臆断缺乏教学原则与策略，未建立教学常规；

□教学未建立于学生已有经验与基础上，缺乏热情、缺乏创意的教学等。

教学活动中需不断进行这样的反思，才能修炼个别化教学真本领，使教学有所成长。

(3) 针对原因寻找修正策略。

①针对学生机能上的障碍可以做康复治疗，如语言治疗、职能治疗等。

②行为上的问题可拟订行为矫正计划，建立积极行为以支持，加强班级管理。

③教学上的问题，学生学习能力不足可以作个别补救教学；教学目标不宜则可降低目标；教学活动不宜可以设计引发学生兴趣，更切合学生实际的教学活动；教学方法的问题，则可以改进方法，做更细的工作分析，重新规划教学环境和利用教具，改变教学态度；等等。

第五章　孤独症儿童教学

　　孤独症儿童在认知、沟通、社交互动等方面存在显著的个体差异，因此，教学必须遵循适宜性、差异性和补偿性原则，确保他们能在适合自己的环境中获得最佳发展。在教学组织形式上，集体教学、小组教学和个别教学各有其独特的优势。无论是哪种形式，教学设计的核心始终要围绕孤独症儿童的个体需求展开。从教学目标的设计到教学内容的选择，再到教学环境的创设，每一个环节都需要精心规划，以确保教学活动既能激发孩子的学习兴趣，又能有效提升他们的认知、社交和生活技能。在教学过程中，教师应注重示范与讲解、模仿与练习、反馈与强化的有机结合。孤独症儿童教学不仅帮助他们克服学习中的困难，更为他们打开一扇通往更广阔世界的大门，让他们在爱与理解中茁壮成长。

第一节　教学原则与方法

一、教学原则

（一）适宜性原则

教学适宜性原则是指在教育过程中考虑到孤独症儿童独特的学

习需求和特点，采取适当的教学方法和策略，以促进其最佳发展。它强调教学活动必须适合孤独症儿童的个体发展水平、兴趣和能力。

1. 发展适宜性

孤独症儿童的教学要确保教育活动与儿童的个体发展水平同步。这要求教学内容和方法需精心设计，以匹配儿童的认知、语言、社交及自理能力。教师应识别每位儿童的特殊需求，设立个别化学习目标，促进其在现有基础上逐步拓展技能。例如，对于社交技能有限的儿童，可以先从简单的轮流游戏开始，逐渐引入更复杂的社交互动。同时，利用视觉辅助和结构化环境，帮助儿童理解并执行任务。通过定期评估儿童的进步，教学策略得以适时调整，确保教育计划始终贴合儿童的发展阶段，从而有效支持其全面发展。

2. 环境适宜性

环境适宜性要求教室布局应简洁有序，减少视觉和听觉刺激，避免过度拥挤或嘈杂，以降低对儿童的感官刺激。使用视觉日程表和清晰的标识帮助儿童理解日常流程，增强安全感。提供安静的学习角落，让儿童在需要时有空间进行自我调节。教学材料和工具应直观易懂，如使用图片、图标和实物操作，以适应孤独症儿童的视觉偏好和学习风格。通过环境的微调，如调整照明亮度或使用隔音材料，可以进一步优化学习条件，使孤独症儿童能够在更加舒适和包容的氛围中探索、学习和成长。

3. 情感适宜性

孤独症儿童的教学中需营造一个温馨、接纳和支持的学习氛围。这要求教师要时刻关注孤独症儿童的情绪行为和社交困难，采取相应措施确保每位儿童感受到安全和被尊重。通过正面强化，如表扬和奖励，鼓励儿童积极参与，并在他们遇到困难时提供耐心引导，而不是批评。建立清晰一致的规则，帮助儿童建立预期，减少焦虑。同时，教师应展现出同理心，主动倾听儿童的感受，通过社交故事或情感卡片等方式，教导他们识别和表达情绪。通过创造一个充满爱与理解的环境，孤独症儿童能够建立自信，学会自我调节，进而促进其情感健康和社会技能的发展。

（二）差异性原则

由于每个孤独症儿童在认知、沟通、社交互动、行为和兴趣上存在显著的个体差异，教育者必须采取灵活多样的教学方法，以满足这些差异化的学习需求。

1. 个性化教学

个性化教学强调每位儿童的学习风格、兴趣和优势的独特性。教师需深入理解每个儿童的特定需求，制订灵活的教学计划，确保学习活动既具吸引力又能促进各项能力发展。这包括使用视觉辅助、实践操作或技术工具，以匹配儿童的学习偏好。通过观察和评估，教师可以识别儿童的优势领域，如音乐、艺术或逻辑思维，将这些兴趣融入课程中，提高学习动机。此外，个性化教学还涉及设定具体内容、可达成的短期和长期目标，以及提供适当的辅助和支持，帮助儿童克服挑战，实现自我效能感。这种以儿童为中心的方法，有助于孤独症儿童在适合自己的步伐和方式下，最大化地发挥潜能。

2. 多元教学策略

孤独症儿童在认知、感知和学习方式上存在明显的个体差异，教师应采用多样化的教学方法和材料，以满足他们的不同需求。这包括使用视觉辅助工具，如图片交换沟通系统（PECS）、社交故事和视觉日程表。此外，教师还应灵活调整教学节奏，提供一对一指导或小组活动，确保每个儿童都能在最适合自己的环境中学习。通过

实施多元教学策略，教师创造一个包容性和适应性强的学习环境，使孤独症儿童能够更有效地获得知识、发展技能，最终提高其生活质量和参与社会的能力。

3. 灵活调整

教师应持续监控每个学生的学习进程和反应，据此适时、灵活修改教学策略和目标。教师应根据学生的个体差异和进步情况，调整教学内容、方法和预期成果。例如，若发现某个学生在视觉辅助下学习效果更佳，教师应增加此类材料的使用；若学生对某项技能掌握迅速，教师则应适当提高挑战难度，引入新的学习目标。通过定期评估儿童的表现，收集家长和相关专业人员的反馈，教师可以更精准地定位儿童的需求，确保教育计划既具有针对性又保持动态性，从而有效促进孤独症儿童的全面发展。

（三）补偿性原则

补偿性原则是指在教学过程中，通过特定的教育策略和方法，来弥补或改善孤独症儿童在某些发展领域或技能上的不足，以促进他们的全面发展。这一原则强调了对儿童弱项的针对性干预和支持，旨在通过教育和训练，使他们在社交互动、语言沟通、认知能力等方面得到实质性的提升。

1. 强化优势领域

孤独症儿童可能在某些领域或技能上具有独特的优势，如视觉记忆、音乐感知等。教师可以利用这些优势作为切入点，设计教学活动，通过强化优势领域的学习来间接促进其他较弱领域的发展。例如，利用孤独症儿童对图案的敏感性，通过图形辅助的方式教授数学概念或语言词汇。

2. 针对性干预

针对孤独症儿童在社交、沟通、认知等方面的具体障碍，设计并实施个性化的干预计划。这些干预可能包括社交技能训练、语言治疗、认知行为疗法等，旨在直接提升他们在这些领域的能力。例如，通过角色扮演游戏来教授孤独症儿童如何发起和维持对话，或者通过结构化教学来增强他们的逻辑思维和问题解决能力。

二、教学方法

(一)支架式教学

支架式教学是一种基于建构主义学习理论的教学方法，其核心在于为学习者提供一种概念框架，以促进其对知识的深入理解。这种方法源于苏联心理学家维果斯基的"最邻近发展区"理论，即儿童在教师指导下解决问题的潜在发展水平与独立解决问题的实际发展水平之间的差距。支架式教学的主要目的是通过逐步提供适当的线索或提示(支架)，帮助学生提高问题解决能力和自主学习能力，使其从一个智力水平提升到更高的水平，如图5-1所示。

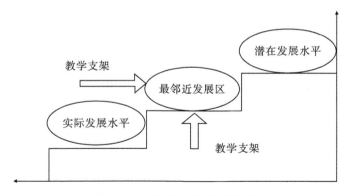

图5-1 支架式教学示意图

1. 支架的类型

(1)语言支架：通过提问、提示、解释等方式引导学习者思考。

(2)示范支架：通过演示或模型展示任务应该如何完成。

（3）视觉支架：使用图表、图像等视觉工具来支持学习。

（4）策略支架：教授和示范解决问题的策略或方法。

（5）情感支架：提供鼓励、安慰和正面反馈，以支持学习者的情感需求。

2. 实施流程

（1）搭脚手架：围绕当前学习主题，按"最邻近发展区"的要求建立概念框架。

（2）进入情境：将学生引入一定的问题情境（概念框架中的某个节点）。

（3）独立探索：让学生独立探索。

探索内容包括：确定与给定概念有关的各种属性，并将各种属性按其重要性大小顺序排列。探索开始时要先由教师启发引导（例如演示或介绍理解类似概念的过程），然后让学生自己去分析；探索过程中教师要适时提示，帮助学生沿概念框架逐步攀升。起初的引导、帮助可以多一些，以后逐渐减少——愈来愈多地放手让学生自己探索；最后要争取做到无须教师引导，学生自己能在概念框架中继续攀升。

（4）协作学习：进行小组协商、讨论。讨论的结果有可能使原来确定的、与当前所学概念有关的属性增加或减少，各种属性的排列次序也可能有所调整，并使原来多种意见相互矛盾且态度纷呈的复杂局面逐渐变得明朗、一致起来。在共享集体思维成果的基础上达到对当前所学概念比较全面、正确的理解，即最终完成对所学知识的意义建构。

（5）效果评价：对学习效果的评价包括学生个人的自我评价和学习小组对个人的学习评价，评价内容包括：①自主学习能力；②对小组协作学习所作出的贡献；③是否完成对所学知识的意义建构。①

3. 支架式教学在孤独症教学中的应用

示例1

【情境】学习如何与其他儿童进行互动和游戏。

【支架应用】

示范支架：教师可以通过角色扮演来示范如何加入其他儿童的游戏。例如，教师可以演示如何说"我可以和你一起玩吗？"以及如何根据其他儿童的反应做出适当的社交反应。

视觉支架：使用社交故事书或图卡，展示不同的社交情境和适当的应对策略。

行为模范：教师或同伴模型展示适当的社交行为，如轮流、分享和眼神接触。

示例2

【情境】学习独立穿衣服。

【支架应用】

分步骤指导：将穿衣服的过程分解成小步骤，并逐一教授。例如，第一步是找到衣服，第二步是将衣服套在身上，以此类推。

视觉支架：使用带有图解的步骤卡来指导孩子完成每个步骤。

行为支架：通过行为强化技术，如奖励系统，来增强孩子完成任务的动机。

（二）真实情境教学

真实情境教学是一种教学理念，它强调在教学过程中创设真实或仿真的情境，以增强知识学习与学生经验、现实生活、社会实践

---

① （美）伍尔福克著，何先友等译．教育心理学［M］．北京：中国轻工业出版社，2014．

之间的联系。这种方法使得教学活动与学生的生活世界产生关联,有助于提高学生的学习兴趣和参与度。

1. 实施流程

(1)真实情境的创设。真实情境教学的核心在于创设一种真实或仿真的情境,使教学活动与学生的生活世界紧密相连。

这种情境应源于生活,但又不能简单复制生活。它需要对生活情境进行选择、提炼和重组,使其更加聚焦和典型。例如,在室外观察活动中,教师应精心选择观察对象、丰富感知内容、优化体验流程。如观察桂花时,可以通过闻香、观树、尝糕、编故事等顺序引导学生深入感知和体验。

(2)教学情境的设计。在设计教学情境时,应考虑到其与学生需求的关联。

真实情境应指向儿童的需求与发展,是一种鲜活的、内在的真实。这意味着教学情境不仅要吸引学生的兴趣,还要促进他们的认知和情感发展。例如,在模拟"家里来了客人"的场景时,可以通过外婆来访、让座、倒茶、送别等连续情景,引导学生学习礼貌待客的行为。

(3)教学活动的实施。在实施过程中,教师应确保情境的真实性和活动性。

真实情境教学强调的是通过活动和实践来增强学生的学习体验。这包括但不限于角色扮演、问题解决、合作学习等。教师在这一过程中扮演着引导者和促进者的角色,帮助学生更好地融入情境,并在其中学习和成长。

(4)教学评价与反思。真实情境教学的评价不应仅限于传统的考试和评分,而应更加注重过程评价和反思性实践。

教师需要从生活有效性、主体有效性和学科有效性三个方面,构建三位一体的评价体系。这要求教师在教学活动结束后,引导学生进行反思,评估学习成果,并根据反馈调整教学策略。①

2. 真实情境教学在孤独症儿童教学中的应用

示例:超市购物

【教学目标】培养孤独症儿童的社交沟通能力、认知能力(认识商品、价格、货币等)和生活自理能力(独立购物)。

【情境设置】在学校内模拟一个小型超市场景,摆放各类常见商品,设置收银台并准备一些模拟货币。

【教学过程】

(1)教师带领孤独症儿童认识超市的不同区域,如食品区、日用品区等,同时介绍各种商品的名称、用途等。例如,拿起一个苹果,告诉孩子"这是苹果,它是水果,可以吃,味道甜甜的"。

(2)给孩子一个购物清单,上面有简单的物品,如"一瓶牛奶、一个面包"。教师示范如何根据清单找到对应的商品,将商品放入购物篮,然后到收银台结账。在结账时,教孩子认识货币的面额,如何将钱递给收银员,以及如何接受找零并核对。

(3)让孤独症儿童自己尝试购物,教师在旁边给予提示和辅助,比如孩子找不到面包时,教师可以用手指向面包的货架方向引导他。当孩子完成购物后,给予奖励和表扬,强化他们的正确行为。

(三)游戏化教学

游戏化教学是一种将游戏的元素和机制融入教学过程中的方法,旨在使学习过程更加有趣、生动和具有挑战性。这种教学方法以学生为中心,强调学生的主动参与。它改变了传统教学中学生被动接

---

① 王鉴,张文熙. 新课标背景下的真实情境教学:内涵、特点及策略[J]. 教师教育学报,2023,10(6):78-86.

受知识的局面,通过游戏的趣味性和吸引力激发学生的学习兴趣。游戏化教学注重体验式学习。学生在游戏的情境中,通过亲身体验来获取知识和技能。

1. 元素

(1)目标设定:就像游戏有明确的目标一样,如通关、获得高分等。在游戏教学中,也会为学生设定清晰的学习目标。目标可以是个人目标,也可以是团队目标。

(2)规则:游戏化教学有明确的规则,这些规则规范学生的行为,确保游戏和教学的有序进行。

(3)反馈机制:游戏会即时给玩家反馈,如得分、升级等。在游戏教学中,也会有及时的反馈,让学生知道自己的学习成果。

(4)竞争与合作:游戏可以设计为竞争模式,激发学生的好胜心。同时,游戏也可以强调合作,培养学生的团队协作能力。

2. 实施流程

(1)需求分析与目标确定。分析学生学情与兴趣点,结合课程标准和教学大纲,明确教学要达成的知识、技能及情感等目标,并转化为游戏目标。

(2)游戏设计与选择。依据教学与学生特点选定游戏类型,如冒险、竞赛等,设计易懂且能激发学生积极性的游戏规则,如积分、升级机制等,同时巧妙融入教学内容,让学生在玩中学习。

(3)游戏准备。准备好所需材料,无论是实体道具还是电子设备及软件,同时安排合适场地,保障场地安全且能顺利开展游戏。

(4)游戏导入。通过有趣的方式吸引学生,如讲述故事或展示视频,随后清晰讲解游戏规则与目标,让学生快速进入游戏情境。

(5)游戏开展时教师要监控进程,引导学生解决问题并观察学生表现，最后是总结评价。学生展示成果并分享感受，教师评估教学效果，总结经验与不足，为后续教学改进提供参考。

3. 参考游戏

游戏1：找朋友

【规则】准备一些学生熟悉且感兴趣的卡通人物卡片或小玩具。让儿童在教室里自由走动，由教师发出指令，如"找到拿着小熊卡片的小朋友"，学生需要去观察并与持有对应物品的同伴互动交流，可以是简单的眼神对视、微笑或者说"你好，我们一起玩吧"。通过这种方式，帮助学生提升主动社交意识和社交沟通能力，逐渐克服社交恐惧与障碍。

游戏2：红灯停，绿灯行

【规则】在教室或室外设置模拟的交通场景，用彩色卡片或道具表示红绿灯。教师扮演交警，学生扮演行人或小司机。当教师举起"红灯"卡片时，孩子们要停止行动；当举起"绿灯"卡片时，孩子们可以前行或驾驶"车辆"通过。通过反复游戏，帮助学生理解并遵守基本的行为规则，增强自我控制能力和对指令的反应能力。

第二节　教学组织形式

一、集体教学

（一）教学要求

1. 树立正确的孤独症儿童教学观念

教师首先要理解、接纳并尊重孤独症儿童，无论他们程度的轻与重。教师真诚地喜欢每一个儿童,而不是只想改变他。教师的教学只是为帮助他们生活得更好,而非敌意的对抗。教师还要深刻地认识到每个孤独症儿童的情况,包括其兴趣爱好、性格特点、发展水平和学习优劣势等。

孤独症儿童良好的情绪,是有效设计教学活动的保障。不良的情绪会直接影响孤独症儿童的生活和学习,导致他们产生逃避与抗拒。孤独症儿童的内在需求基本处于生理需要和安全需要的层次,很多儿童在基本的生理需要被满足后,就能产生愉快的情绪,进而产生对外界的主动关注和注意。因此,教师在设计教学活动时,要尊重孤独症儿童生理需要,活动内容的选择要尽量满足儿童生理需要,引发孤独症儿童的学习兴趣和内在动机,教学效果也最突出。

2. 确定合适的教学目标

孤独症儿童个体能力差别很大,因此在设定教学目标的时候要考虑到儿童的具体情况。教学目标确定之后,就要考虑如何将目标具体化。例如,在运动课中教孤独症儿童学会"爬",教学目标确定为:儿童能够独立爬行。由于这是一个长期的目标,为了让每一堂课都能有较好的教学效果,就要将这个长期目标具体化,即目标分解。

第一课时的教学目标可以设定为:儿童能够蹲下并跪到地垫上;第二课时教学目标可以设定为:儿童能够跪到地垫上并能够双手撑地;第三课时目标可以设定为:儿童能够跪在地垫上双手撑地,在家长辅助下能够向前爬一步。具体的目标比较容易被实现,还能够增加儿童的自信心。

3. 选择恰当的教学内容

教学内容要具体实用、贴近生活。设计教学活动时,教师要立足于孤儿症儿童的生活，选取其中有价值的情境和事件，引导儿童学习，让儿童在积累感性经验的基础上发展理性经验。孤独症儿童认知和沟通能力有限，更需要教师在设计教学活动时，要选择儿童喜闻乐见的主题作为教学内容，同时，还要考量教学内容是否易于理解并且具有一定的功能性。例如在帮助孤独症儿童学习"识别生活用品"这一课时，教师可根据儿童具体情况选择他们经常见到的物品，如杯子、牙刷、毛巾等，不能太复杂。如果让处于学习识别物品这个阶段的儿童去学习物品类别，难度就太大了。

教学内容的选择要关注孤独症儿童的兴趣与优势。教学材料的选择要以儿童的兴趣为导向，选择恰当的活动材料，可以激发儿童的兴趣，打开他们接收信息的渠道，帮助他们参与到学习、活动中。教学材料还要注意利用孤独症儿童视觉优先的学习特点，多以视觉线索作为主要的学习通道，例如实物呈现、图片展示、视频播放等，避免过多的讲授，语言理解的困难使他们在信息超载时更容易焦虑和烦躁。

教师在设计教学活动时一定要重视内容和材料的丰富多样性。一是活动内容的丰富性，教师宜设计不同的活动内容来达到相同的活动目标。二是材料的丰富性，教师提供同质不同样的丰富教具，让儿童在操作丰富教具的基础上提炼、内化出教具的本质属性。丰富的教学活动内容和材料可以激发孤独症儿童的探索热情，更重要的是促进他们知识技能的迁移，防止学习刻板化。

4. 使用适当多样的教学策略

在孤独症儿童的集体课教学中，应采用多样化的教学策略。任务分析法将复杂的任务拆解成简单的步骤，结合示范和讲解帮助儿童逐步学习。针对不同能力的儿童，提供从身体辅助到视觉提示上不同程度的支持，同时注意辅助的逐渐减少，避免形成依赖。强化策略,如物质奖励和社会性表扬,能增强儿童的学习动力,特别是在新任务和复杂活动时更为重要。利用孤独症儿童擅长处理视觉信息的特点,结构化教学和视觉提示能有效改善学习环境、提高理解和记忆。情境教学法通过模拟生活场景,比如超市购物,提高儿童的参与度和兴趣,同时也锻炼了他们的社交技能。游戏作为教学手段,不仅能激发学习兴趣,还能在轻松愉快的氛围中促进知识和技能的掌握。这些策略的综合应用,有助于孤独症儿童更好地融入集体,实现个性化发展。

(二)常见问题及建议

1. 注意力不集中

孤独症儿童常因自身特点难以在集体教学中专注。例如,他们易被教室中的微小动静或自身的思绪干扰。建议教师采用多感官教学法,如在讲解知识时,配合相关的实物展示、触摸体验或轻柔的背景音乐,以吸引其注意力并强化记忆。同时,设定简短且明确的教学环节,每个环节的时长依据儿童注意力集中时间而定,如5~10分钟,频繁转换教学形式,避免其因长时间单一活动而分心。

2. 社交互动困难

孤独症儿童在集体里与同伴互动交流存在障碍。比如在小组讨论中,他们可能不知如何开口或回应。教师可组织角色扮演游戏,像模拟餐厅就餐场景,让孤独症儿童分别扮演顾客、服务员等角色,在反复练习中熟悉社交流程与话术。日常教学时,安排固定的小组伙伴,长期合作有助于建立熟悉感与默契,教师适时引导并鼓励他们互相帮助、分享物品等简单互动行为,使其逐步提升社交能力。

3. 个体差异大

孤独症儿童个体差异显著,如有的语言理解能力强,有的却极为薄弱。教师应先对每个儿童进行全面评估，然后进行分层教学。对于能力强的儿童，布置有挑战性的任务，如复杂的数学运算或创意写作；对于能力弱的，着重基础认知与简单指令的训练，如认识颜色、形状，听从"坐下""举手"等指令。在同一教学活动中，也可设置不同难度层次的任务选择，让每个儿童都能在自己的能力范围内参与并获得成就感。

4. 情绪问题

教学中的环境变化、任务难度等易引发孤独症儿童情绪波动。例如，突然的嘈杂声可能导致他们焦虑哭闹。教师要营造稳定、安全的教学环境，减少意外刺激。一旦发现情绪变化先兆，如儿童开始坐立不安或眼神游离，及时给予安抚，可暂停教学，陪其到安静角落，待情绪平稳后再继续。同时，在教学安排上循序渐进，任务难度逐步递增，让儿童能适应教学节奏、减少因压力产生的情绪问题。

二、小组教学

小组教学是孤独症儿童教学中的一种重要的组织形式，它旨在通过小组合作的形式，促进孤独症儿童在社会交往、沟通能力、认知发展和日常生活技能等方面的进步。小组教学的组织内容和形式介于个训课和集体课之间，是学生个别化训练进入集体教学的"桥梁"。个训课中所训练的个体个性化的基础技能，可以在小组教学中进行泛化练习；在小组课中训练的技能可作为集体课先备技能的练习，同时能在集体教学中进一步泛化和维持。

(一)教学要求

1. 选择适合的教学内容和形式

根据学情，面对不同学生的组合情况，教师可以选择适合学生的教学形式和内容，进行灵活的设计：如果学生能力水平较高且相近，可以设计主题下的情景合作游戏或者进行独立任务练习；如果学生之间能力差距较大，且其中有的学生存在比较严重的情绪行为问题，可采用独立任务与桌面教学相结合的方式，减少学生之间的干扰；如果学生好动，小组课中可增多运动类游戏的内容；如果学生喜欢绘画，可以绘画为依托进行内容的设计……总之，在主题教学的指导下，以学生动机为导向，对不同学情下的组合情况进行不断的探索和实践。

2. 建立教师及时沟通机制

针对小组课中学生的新情况、新问题，教师通过班级内教研的形式展开研讨，进行情绪行为问题策略商讨和统一的应对，这样对于提高学生的配合度和学习效果是非常有效的。同时教师们之间的及时沟通，有助于提升相互配合，并对所学技能进行有效的维持和泛化。

3. 加强学生基础学习能力建设

密切小组课和个训课的联系，在个训课加强参与小组课的基本技能训练，比如安坐、注意力维持、眼神、等待、轮流、反应品质等，让学生能够在个训课中打好地基，更好地参与小组课乃至集体课。

4. 制订适宜的强化策略

在小组课中运用强化策略需要根据学生的情况进行灵活地调整。给予强化的方式可以是食物，是代币，或者是一项有趣的活动；强化的时机可以是每一次抑或间隔，可以是活动中期，或者可以是最终完成，强化的方式和频率可因学生实际情况而异。

(二) 常见问题及建议

在小组课中，由于不同能力水平的孤独症儿童进行搭配组合，其个体差异较大，在教育教学中也会出现以下问题：

（1）学生主要以逃避功能下的情绪行为问题严重干扰正常的教育教学秩序，造成对学生学习效果的干扰。建议教师提前评估任务难度，设置分层任务，让能力弱的学生也能轻松入手，减少逃避情绪触发点。当情绪爆发时，教师应冷静对待，用温和言语和轻柔动作引导学生到安静区域，待情绪平稳后，再沟通了解原因并调整教学策略。

（2）部分学生参与集体的规则尚未建立，坐不住、注意力分散等，影响学习效果。教师可利用图片、视频等直观方式展示集体规则，如将"安静坐好""举手发言"的图片，贴在教室显眼处，每次学生遵守规则就给予表扬或小贴纸奖励，强化规则意识。同时，采用多样化教学手段，如用故事、儿歌等吸引学生注意力，将教学时间分割成小段，增加互动环节，提高学生专注度。

（3）部分学生无法理解参与游戏的规则，较难以开展合作游戏，尤其是社交类的游戏。教师要根据学生能力分组，游戏规则应简单化、步骤化，如先教"传球"动作，再融入简单规则"传给旁边的人"。在社交游戏中，安排能力强的学生带动弱的学生，教师从旁辅助引导，逐步提升学生对游戏规则的理解与合作能力。

三、个别教学

个别教学，又称个别化训练，教学内容主要是根据孤独症儿童的个人特点、基本能力进行针对性、个别化的训练，按照其接受能力、注意力时间和学习方式来设置。个别教学主要根据教育评估制订合理的教学方案，以一对一的形式进行，加强儿童个人基本能力（即配合力、注意力、模仿力、语言表达、认知理解等），为其融入集体环境打下基础。个别教学可以让孤独症儿童在"最少干扰的环

境"中接受密集训练，不但能提高其认知力、理解力等，还能让其懂得如何配合老师。

(一)方法策略

1. 回合式教学

回合式教学，又称离散回合式教学，是一种基于应用行为分析（ABA）的相关理论发展出的教学方法。回合式教学经常应用于一对一的教学，其教学目标具有相对离散性。会核实教学的每一个教学回合有清楚的开始和结束，在较短的时间内允许多个学习机会的发生。

2. 自然情境教学

自然情境教学（NET）是应用ABA的基本原理，在自然的环境中教授学生技能的一种教学技术。包含宽松的教学结构，关注学生的动机，以学生为主导，很多自由操作的反应。教具不断变化，教学中的强化与学生的反应在功能上具有相关性。其使用范围较为广泛，在提出要求、听者反应、动作模仿、视觉配对、游戏技能、社交技能、互动语言、集体技能、学术技能等领域都可以运用。

(二)常见问题及策略

1. 学生不听从指令

学生不听从指令通常有以下原因：

（1）听指令的行为完全没有建立起来：学生没有听从的意识，并不知道他应该去做别人给的指令。

（2）听不懂指令：学生不明白老师究竟要他做什么。

（3）指令太难：学生不能独立完成指令，并且有可能已经产生了逃避的情绪。

（4）动力不足：学生不喜欢做老师让他做的事情，没有动力去跟从指令。

对于孤独症儿童不听从指令的问题，可以从以下几个方面进行解决：

（1）要保证只给学生简单的一步指令，并且这类指令都是可以通过辅助来帮助学生完成的。比如："拍手"，可以通过手把手的辅助让学生完成拍手；相反，如果让学生说"妈妈"，就不能通过辅助来帮助学生发音了。

（2）在指令发出后，一定要及时提供辅助，不要先等待看学生会不会做（基线测试除外）。在等待的过程中，建立的是学生在听到指令后可以及时配合的习惯。同时，如果学生完全不明白指令的话，等待的过程也会让学生因为不知道应该做什么而变得迷惘和焦虑。

（3）保证任务的短、平、快。对于还不会听从指令的学生来讲，他们通常也很反感被人手把手地辅助去做他们不想做的事。如果任务耗时太长，说明需要辅助的时间也很长，在这个过程中，可能使学生的行为问题升级。相反，如果保持任务简短，比如拍手，能在2～3秒内帮助学生完成指令，在学生还没有反应过来之前，已经进入了获得强化物的阶段，也就保证了学生听从指令的成功率。

（4）保证任务的难度在学生的学习能力之内。学生能越快地学会做指令，意味着辅助能尽快地被撤销。这样，可以增加学生听指令、做指令的主动性，并且能够建立学生独立完成指令的自信心。

（5）保证相对较高的强化频率，让学生意识到听从指令的好处，从而建立他们听从指令的动力。

2. 对指令无反应

孤独症儿童似乎沉浸在他们自己的世界里，对于身边的人说的做的，他们都不会注意，也就是对于指令无反应。在个别教学时，这是常常遇到的问题。我们可运用以下方法来抓住孤独症儿童的注

意力：

(1) 给指令之前养成既定的行为习惯，如：①老师叫学生的名字，学生能够看老师；②老师给指令"手放好"，学生能够把手在桌面上放好。这两个动作不仅是在学生注意力不集中的时候做，更应该是在给指令之前高频率地做，以养成学生条件反射性的行为习惯。换句话说，当老师叫了学生的名字、让学生手放好之后，学生期待的下一步就是老师的指令。

(2) 做一些短平快的简单指令动作任务，比如指五官、拍手等。这些任务必须是学生熟悉并且能无困难地独立完成的任务。通过做这些容易且学生精熟的指令，能抓回学生的注意力，然后借着这个机会，马上跟上教学指令，中间的时间间隔越短越好。

(3) 保持短平快的教学节奏。当进行教学时，要尽量多与学生互动，让学生参与活动，并得到强化（实物或社会强化），这样学生的注意力就会提高。相反，如果学生越多休息，就越容易沉浸到自己的世界中去。

(4) 学生对指令无反应也是一种逃避行为。当学生遇到他觉得困难的任务时，无反应就更有可能发生，这时老师没有马上让其执行指令，也就造成了任务执行的延迟，学生的逃避行为就得到了强化。所以，在个训中，任务难度的设计一定要符合学生的能力。同时，当学生表现出无指令反应时，老师要及时提供辅助，帮助他完成。

3. 学生与教师无目光对视

孤独症儿童大多存在目光对视不足的问题。教学时不要执着于一定要让学生看老师，但以下两个项目必须纳入个别教学中：

(1) 叫名反应：当学生听到自己的名字时，能够目光关注老师。

(2) 听从指令"看"：当听到指令"看"时，能跟从老师的手的位置，看老师手上拿的东西，或老师手指的方向。

当实现了这两个项目的教学目标时，就可以在个训及自然环境中泛化学生的目光对视及目光跟随能力了。

4. 抢夺强化物

年龄小的孤独症儿童在看到自己喜欢的东西时就伸手来拿是很自然的行为，并且这种行为可能在过去已经被强化。在个训环境中，老师从第一节课开始就要建立起对强化物的控制能力。换句话说，强化物是控制在老师手里的，是由老师来决定儿童何时才能获得，而不是儿童通过抢或者其他不恰当的方法获得的。

在教学过程中，要灵活选择并运用集体教学、小组教学和个别教学等教学组织形式。集体教学有利于培养学生的集体意识和社交技能，适用于维持习得技能，教授普遍性、基础性的知识，以及进行集体活动和社交活动。小组教学则能在保证个体参与度的同时，促进学生之间的互动与合作，适用于需要讨论、探究和角色扮演的教学内容。而个别教学则针对每个学生的特殊需求，进行精准的辅导和训练，适用于解决个体在学习过程中的困难和问题。在实际教学中，教师应根据教学内容、学生特点和教学目标，合理选择和切换这三种教学组织形式，以实现最佳教学效果。

第三节　教学设计

一、教学目标设计

（一）分析学情

首先应依据教育评估结果，精准掌握学生在感知觉、认知、语言、社交等多领域的能力状况与发展程度，明确其优势与短板。例如，部分学生可能在视觉认知上表现突出，但语言表达极为受限。同时，针对学科知识与技能展开深入分析，观察和记录学生在数学、语文等科目中已掌握的知识点和技能水平。基于这些综合信息，教师可以将学生按不同的能力水平进行分层，以便实施更加个性化的教学策略，确保每名学生都能在最适合自己的起点上获得有效的发展和支持。

（二）分析课标

尽管目前没有专门针对孤独症儿童的国家课程标准，但在设计教学目标和内容时，可以灵活结合普通学校的课程标准和培智学校的课程标准进行分析。普通学校的课程标准为孤独症儿童提供了基础学科知识和技能的框架，而培智学校的课程标准则更侧重于特殊教育需求，强调生活技能和社会适应能力的培养。

（三）制订具体教学目标

1. 确定教学目标维度

按照加涅或布鲁姆等人的学习结果分类思想，一节课的目标多从知识、能力、情感态度三方面提出，陈述的是学生学习的结果，这样针对性和可操作性都很强，每节课根据所学的具体知识技能来制订目标。在制订的过程中，应避免出现目标不具体、分层过多、几方面脱节等问题。

2. 集体目标与分层目标

集体目标是指所有学生都需要达成的共性目标，这些目标反映了课程的基本要求和核心内容，确保每个学生在关键领域都能达到一定的基础水平。集体目标的设定有助于统一教学方向，确保所有学生在学习过程中都能获得必要的知识和技能。

分层目标则是根据学生的学情分析和能力水平设计的，旨在满足不同层次学生的需求。通过详细的学情分析，教师可以了解每个学生在认知、社交、沟通和生活自理等方面的具体情况，从而为他们设定个性化的、可达成的目标。分层目标的设计不仅能够激发学生的积极性，还能帮助他们逐步克服困难，实现个性化发展。通过分层目标的设定，教师可以更好地因材施教，确保每个学生都能在适合自己的路径上取得进步。

3. 具体要求

（1）行为主体明确：所有教学目标均以孤独症儿童为行为主体，例如"儿童能够……""儿童学会……"等表述。

（2）行为动词准确：使用如"识别""说出""模仿""掌握""减少""表现"等可测量、可观察的行为动词，便于准确评估儿童的学习成果。

（3）行为条件适当：如"在视觉提示下""通过游戏化教学""在5秒内"等条件设定，明确儿童完成行为的具体情境和要求。

（4）行为程度合理：根据孤独症儿童的实际能力和学习进度，设定如准确率达到一定比例、反应时间在一定范围内等合理的行为程度标准，确保教学目标既具有挑战性又切实可行，符合"最近发展区"理念。

二、教学内容设计

（一）选择教学内容

首先，需要结合课程目标和学情分析，确保所选内容既能满足课程的基本要求，又能适应学生的个体差异。通过详细分析学生的认知水平、社交能力、兴趣爱好等，教师可以更好地了解学生的学习需求和潜在障碍，从而为他们提供最合适的学习材料和活动。

其次，选择适合孤独症儿童的教学内容时，应注重生活化和趣味性。生活化的教学内容可以帮助学生将所学知识应用到实际生活中，提高他们的生活自理能力和社交技能。例如，可以通过日常生活中的场景和任务，如购物、做饭、打扫卫生等，来教授基本的生活技能和社交规则。同时，增加教学内容的趣味性可以有效提升学生的参与度和学习动力。使用故事、游戏、音乐、绘画等多种形式，使学习过程更加生动有趣，激发学生的兴趣和好奇心，帮助他们在轻松愉快的氛围中学习成长。

（二）呈现教学内容

为了更好地满足孤独症儿童的学习需求，教学内容应以视觉化的方式呈现。视觉化教学能够帮助学生更直观地理解信息，减少语言理解的负担，提高学习效率。

首先，可以使用图表、图片、符号等视觉辅助工具来呈现关键信息。例如，通过图片序列展示日常生活的步骤，如刷牙、穿衣服等，帮助学生理解并模仿这些动作。其次，多媒体资源如视频、动画和互动软件也可以作为视觉化教学的有效工具。这些资源不仅能够吸引学生的注意力，还能提供丰富的感官体验，增强学习的趣味性和互动性。

三、教学环境设计

物理环境方面，首先需要创建一个结构化、有序且支持性的空间（详见本书第六章第一节）。明确区域划分，将教室分为学习区、休息区、游戏区等，每个区域都应有明确的标识和用途，固定物品位置，减少视觉干扰，保持教室整洁。控制噪声水平，使用隔音材料或耳塞，调节光线亮度，避免强烈的直射光，保持教室温度适中，确保良好通风。增加视觉支持，使用视觉时间表和标记物品，提供视觉指示，帮助学生预知和准备活动。个性化学习空间，根据学生的需求提供隔板或单独的工作台，允许学生选择舒适的座位，设立安静的安全角落，供学生在感到焦虑或不安时使用。

心理环境方面，需要营造一个安全、支持和包容的氛围。建立积极的师生关系，教师应表现出耐心和理解，与学生建立信任。定期与家长沟通，了解学生在家中的表现和需求，共同制订一致的支持策略。提供正面反馈和鼓励，及时表扬学生的努力和进步，增强他们的自信心。设计丰富的社交活动，如团队游戏、小组讨论等，促进学生之间的合作和互动，帮助他们建立积极的人际关系。设立明确的规则和期望，用简洁明了的语言表述，配以视觉辅助，帮助学生理解和遵守。通过这些措施，教师可以创建一个既支持物理需求又满足心理需求的教学环境。

四、教学过程设计

(一)准备阶段

1. 环境创设

构建结构化的教学空间。

2. 教学材料准备

依据教学内容，准备丰富多样的教具和材料。如在认知教学中，准备实物模型、图片、数字卡片、识字卡片等；在生活自理教学中，准备相应的衣物、餐具、洗漱用品等；在社交沟通教学中，准备社交故事书、角色扮演道具、表情图片等。确保教学材料具有吸引力、实用性和可操作性，能够满足不同教学环节和儿童个体差异的需求。

(二)导入环节

1. 激发兴趣

采用儿童感兴趣的方式或元素引入教学主题。例如,对于喜欢音乐的儿童,可以播放一段与教学内容相关的歌曲或音乐片段;对于对特定物品有偏好的儿童,如喜欢汽车,可从展示一辆玩具汽车开始,引出关于交通工具的认知教学。也可以通过讲述一个简短的故事、提出一个有趣的问题或展示一段引人入胜的视频等方式,激发儿童的好奇心和学习动机,使其主动参与到教学活动中来。

2. 复习与过渡

回顾上一次教学的重点内容,通过提问、操作演示或游戏等形式复习,强化记忆。然后,巧妙地将复习内容与本次教学主题进行衔接和过渡,让儿童在熟悉的基础上自然地进入新的学习情境。

(三)主体教学阶段

1. 示范与讲解

教师可使用视频示范、任务分析等方式,清晰、缓慢地进行示范操作或讲解知识要点,同时配合简洁明了的语言和丰富的肢体动作,增强信息传达效果。

2. 模仿与练习

安排儿童进行模仿练习,给予充分的时间和机会让他们重复教师的动作或语言表达。开始时可进行一对一的辅助练习,根据儿童的掌握程度逐渐减少辅助,增加独立练习的比例。

3. 反馈与强化

密切关注儿童在练习过程中的表现,及时给予反馈。对于正确的行为和回答,立即给予肯定和奖励,如口头表扬、代币奖励等;

对于错误的行为，采用温和的纠正方式，如重新示范正确动作或语言，引导儿童再次尝试。通过及时的反馈与强化，增强儿童的自信心和学习动力，促进正确行为和知识技能的巩固。

（四）巩固与拓展阶段

1. 多样化练习

设计多种形式的练习活动，以巩固所学知识和技能。

2. 拓展与深化

在儿童掌握了基本教学内容后，适当进行拓展和深化。

（五）总结与结束阶段

1. 总结回顾

在教学活动即将结束时，与儿童一起回顾教学的主要内容和重点知识技能。

2. 放松与过渡

安排一段短暂的放松时间，如播放轻柔的音乐、进行简单的放松运动（如深呼吸、伸展身体）或让儿童自由活动几分钟，帮助他们缓解学习过程中的紧张情绪，平稳地过渡到下一个活动或日常生活状态。同时，对儿童在本次教学中的表现给予积极的评价和鼓励，让他们带着愉悦的心情结束本次学习活动。

五、家庭活动设计

家庭活动是对课堂所学内容的泛化，在家庭和社区中进行实践融合，可以帮助学生将所学知识应用到实际生活中。例如，如果课堂上学习了基本的社交技能，如问候和感谢，可以设计相应的家庭活动，要求学生在家庭和社区中与家人和邻居进行实际的社交互动，如主动打招呼、道谢等。如果课堂上学习了生活自理技能，如整理书包和穿脱衣物，可以要求学生每天在家里独立完成这些任务，并由家长记录和反馈完成情况。此外，还可以设计一些亲子互动活动，如一起制作简单的餐点、共同完成家务等，增强家庭成员之间的互动和支持。通过这些家庭活动，不仅能够巩固和扩展课堂学习内容，还能提高学生的自信心和独立能力，促进他们在日常生活中的全面发展。

六、教学评价设计

以课程本位评估为核心开展教学评价。教学评价着重于每堂课的教学成效检验，依据当堂课所教授的内容，如生活自理技能中的某个步骤或认知领域的特定知识点，为不同能力水平的孤独症儿童设置差异化评价任务。能力较强的学生可能要求独立完整演示，较弱的学生则可在提示下完成部分动作或回答简单问题，据此给予针对性评价。单元评价在系列课程结束后进行，综合考查单元内知识与技能的掌握程度，评价任务更具系统性和综合性。期末评价则全面考量整个学期的学习成果，评价标准涵盖各方面能力提升情况。依据这些评价结果，精准调整教学目标，确保教学始终贴合孤独症儿童的发展需求与进步状况。

第六章　孤独症儿童的教育支持

孤独症儿童的教育支持需要基于其独特的认知、行为和沟通特点，采取个体化、综合性的干预策略，其核心是尊重孤独症儿童的神经多样性，通过环境可预测性、教学适配性、行为正向支持和社交沟通训练，帮助其在支持性框架中逐步发展能力，从而实现最大限度的社会参与独立学习生活。

第一节　环境支持

一、学习环境[①]

（一）集体教学区

集体教学区的主要功能在于支持教师对多名学生同时进行教学，确保每名学生能够在相同的或相似的活动中受益。这一区域的设计目的是促进学生之间的互动，同时也便于教师观察并及时给予必要的帮助和支持。鉴于孤独症儿童可能存在注意力分散、对环境变化敏感等问题，集体教学区特别强调环境的开放性和多样性，力求通

---

① 胡晓毅. 自闭症儿童教育新论[M]. 北京：北京师范大学出版社，2020.

过合理的布局减少不必要的刺激,帮助孩子更好地专注于学习任务。

在布局方面,集体教学区首先需要具备足够的空间,以适应不同规模的班级和活动需求。宽敞的空间不仅能容纳一定数量的学生及其所需的桌椅,还能确保有足够的活动余地,让师生在进行教学活动时感到舒适而不拥挤。此外,教学区内还应设有专门的储存区,用于存放教学材料和学生的个人物品,保持教学环境的整洁有序。为了便于管理和使用,教具通常放置在教室前部的材料架上,而学生的个人物品则可置于教室后部或走廊的置物架上。

根据不同的教学需求,集体教学区可以采用桌面式或地毯式的设计。桌面式设计适用于需要具体操作教学材料的活动,常见的布局有标准的桌椅排列和半圆形桌子布置。后者尤其受到推崇,因为它不仅能让所有学生清晰地看到教师和同伴,还有助于增强师生间的交流与互动。对于那些难以理解复杂指示的孩子,教师还可以在桌子上标出每个孩子的座位,帮助他们快速找到自己的位置。地毯式设计更适合于讲故事等非桌面操作的活动,通过在地面上铺设地毯,创造出一个温馨舒适的集体学习氛围。尽管这种方式对空间的要求较高,但通过设置明确的边界,如玩具架等,同样能有效引导学生的行为,让他们明白活动的范围和焦点所在。

(二)小组教学区

小组教学区的功能主要体现在三个方面:首先,它能够为不同发展水平的孤独症儿童提供符合其需求的教学,通过多样化的教具和活动,帮助每个儿童在自己的起点上取得进步。其次,小组教学强调"组员合作与竞争"的学习模式,这种模式重视同伴之间的沟通与互动,有助于改善孤独症儿童的社会交往障碍,增强他们的社交技能和沟通技巧。最后,小组教学区的人数控制在2~3人,较小的群体规模使得师生、学生之间的互动更为频繁和深入,教师能够更加关注每个学生的需求，及时给予必要的支持和指导。

在布局上，小组教学区可以灵活地与集体教学区共享同一空间，关键在于根据参与小组教学的学生数量调整桌椅的摆放。每个小组的空间应当保持相对独立，以避免不同小组间的相互干扰。为此，相邻小组之间应留有较大的空隙作为自然的间隔，帮助学生明确自己所在小组的范围和成员。桌子通常会被拼接成一个整体，以适应小组教学的需要，这种紧凑的布局不仅节省空间，还能促进学生之间的面对面交流，加强同伴间的互动和合作。为了进一步优化教学效果，教师身后的侧方可以设置一个材料架，用于存放教学所需的各类教具和强化物。这种布置既方便教师快速取用材料，又通过遮挡减少了学生对材料的过度关注，有助于他们将注意力集中于课堂活动本身，从而提高教学活动的效率和质量。

（三）个训教学区

个训教学区专为教师单独辅导个别儿童设计，旨在提供高度专业性和针对性的教学，帮助孤独症儿童克服各种生活和学习上的困难，掌握基础技能。

个训教学区的布局设计应简洁而高效，主要由训练区域和储存区域两部分构成。训练区域通常配备一张适合儿童使用的桌子和两把椅子，教师与儿童相对而坐，确保双方视线保持在同一水平线上，这种布局有利于增强师生之间的直接交流与沟通，营造一个亲密、支持性的学习氛围。储存区域则用于存放各种教具和强化物，如书籍、玩具、图片卡等，这些材料对于吸引儿童的注意力、激发学习兴趣至关重要。储存区域一般设在教师的身后，方便教师快速取用所需材料，同时避免儿童因过度关注材料而分心。

考虑到孤独症儿童对外界刺激的敏感性，个训教学区的布置还需注意减少干扰因素，帮助其保持专注。例如，当儿童难以长时间坐在固定位置时，可以采用半圆形的桌子，将其靠墙放置，儿童坐在桌子与墙之间，这样既能限制其随意走动，也有助于其逐渐适应坐定学习的状态。随着儿童能力的提升，教师可以根据实际情况调整桌子的位置，逐步扩大其活动范围，为其提供更多自由度。值得注意的是，虽然个训教学区主要用于一对一教学，但并不意味着要将其完全隔离于其他教学区之外。相反，个训教学区通常设在教室的一角，利用储物架、书柜等作为自然的边界。这种设计不仅有助于孤独症儿童逐步适应集体环境，也为其未来参与小组教学和集体教学活动奠定了坚实的基础。

（四）冷静区

孤独症儿童具有感觉异常的特点，感觉过载通常会导致儿童的情绪崩溃，从而使其无法专注于课堂活动。而孤独症儿童的社交和语言障碍，也会导致其产生情绪行为问题。当儿童出现情绪问题时，可以进入冷静区进行情绪管理。

冷静区的布局设计应注重创造一个安静、舒适的环境，以利于儿童的情绪稳定。通常，冷静区是一个相对封闭或半封闭的空间，可以通过帐篷或矮柜等设施隔离出来，内部铺设软垫或地毯，确保儿童可以舒适地坐下或躺下。灯光应柔和不刺眼，背景音乐需舒缓宁静，以帮助儿童放松心情。此外，冷静区内还应配备一些有助于情绪平复的玩具，如弹簧玩具、万花筒等，这些玩具能够吸引儿童的注意力，提供感官上的安抚。重要的是，冷静区的设置应以预防行为问题为目标，而非作为惩罚手段，不应成为儿童逃避任务的场所。同时，儿童在冷静区内应享有选择活动的自由，以增强其自主性和安全感。通过合理的功能定位和布局设计，冷静区能够为孤独症儿童提供一个有效的自我调节空间，促进其情绪健康和学习发展。

（五）过渡区

过渡区是指儿童从一个场所过渡到另一个场所、从一个活动过渡到另一个活动时进行心理调适的场所。由于刻板行为和重复性行为以及注意力转移方面的困难，很多孤独症儿童在过渡方面存在问题。孤独症儿童的过渡一般包括：同一区域中不同活动的过渡、教室中不同区域的过渡、教室和其他场所（如午休室、餐厅、操场）之间的过渡。

过渡区可以是教室门边或角落里的一片连续区域，学生可以在这里查看他们的日程表或者在这里集合等待过渡。日程表可以贴在教室门后的墙上或者角落的墙上，学生可以通过查看日程表来了解接下来应该做什么，这能够缓解学生对于未知行为的焦虑和不安。因为过渡区又有集合等待过渡的作用，所以可在该区域放置几把椅子供学生休息，使其能够以更好的精神状态投入接下来的活动中。过渡区也可设置在走廊上，学生可在此区域存放外套、鞋子等个人物品，这种设置也可以避免教室过于杂乱。

二、人际环境

孤独症儿童往往面临社交和沟通障碍，这使得他们在与他人建立联系时遇到诸多挑战。因此，创建一个充满爱、理解和耐心的人际环境显得尤为重要。在这种环境中，教师、家长和其他工作人员能够以积极的态度对待孤独症儿童，通过一致的正面反馈和鼓励，帮助其逐步克服障碍，增强自信心。此外，同龄人的支持和接纳也是不可或缺的，通过同伴之间的互动，孤独症儿童可以学习模仿社交技能，提高社会适应能力。

（一）教师与儿童的关系

教师是构建良好人际环境的关键人物，他们需要具备专业知识和技能，了解孤独症儿童的特点和需求，能够采用适合的方法进行个别化教学。教师应展现出高度的同理心，尊重每个儿童的个性差异，耐心倾听他们的想法和感受，提供适时的支持和指导。同时，教师还应善于观察和记录儿童的行为表现，及时调整教学策略，确保其都能在轻松愉快的氛围中学习和成长。

(二)家长与儿童的关系

家庭是孤独症儿童最重要的支持系统。家长的态度和行为对孩子的影响深远。家长需要积极参与孩子的教育过程，与学校保持密切沟通，共同制订和实施教育计划。在家中，家长应创造一个温馨和谐的家庭环境，给予孩子充分的关爱和支持，鼓励他们尝试新事物，勇于表达自己的意见。此外，家长还应学会正确应对孩子的不良行为，采用积极的管教方法，避免过度批评和惩罚，帮助孩子建立正确的价值观和行为规范。

(三)同伴之间的关系

同伴关系对孤独症儿童的社会化发展具有重要作用。在教学环境中，应鼓励和支持孤独症儿童与其他儿童进行互动，通过小组活动、游戏等形式，增进彼此之间的了解和友谊。教师和家长可以通过示范和指导，教会孤独症儿童如何发起和维持对话，如何分享和合作，如何处理冲突和挫折。同时，也要教育其他儿童理解和接纳孤独症儿童，培养他们的同情心和包容心，共同营造一个友爱互助的集体氛围。

第二节 教学支持

一、结构化教学

结构化教学（structured teaching）也称系统教学法，是根据儿童的学习特点，有组织、系统地安排学习环境、学习材料以及学习程序，让儿童按照设计好的结构从中学习的一种教学方法（Gary，Victoria & Eric，2021）。

结构化教学主要解决5个方面的问题：第一，我应该在哪里或我要去哪里（学习）；第二，在这里我要做什么活动或工作；第三，我要做多长时间或我要做多少任务；第四，我如何知道完成工作的进展或如何知道我已经完成；第五，下一步我要做什么。

（一）基本内容

1. 视觉安排策略

视觉安排策略是指教师选择和安排视觉化材料，帮助孤独症儿童利用视觉信息完成活动或任务。视觉安排有3个组成部分，分别为视觉结构、视觉组织和视觉清晰度。视觉结构告诉儿童从哪里着手活动，以及完成活动的步骤顺序；视觉组织即有计划地安排空间和材料；视觉清晰度则是对重要信息进行强调，以吸引儿童注意力。

2. 常规策略

常规策略是指用系统的、一以贯之的方式完成活动或任务的方法。系统化的常规可以帮助孤独症儿童建立良好的生活习惯或学习习惯，也有利于儿童了解和预知部分事件，减少未知带来的不安全感。

3. 环境安排

环境安排策略是指用明确的界限来分隔不同的活动和学习空间，帮助孤独症儿童了解课堂活动、学习任务和环境之间的关系，这可以最大限度地提高他们对环境的理解，同时减少感官刺激，降低焦虑，提高注意力。

4. 程序时间表

程序时间表是指利用视觉信息解释活动的时间和地点，帮助孤独症儿童了解当日日程、预测当天活动，避免因活动地点的转移或时间的变化而引起的情绪行为问题。

5. 个人工作系统

个人工作系统是指安排孤独症儿童在个人工作区域完成安排的一项或多项学习任务，个人工作系统的有效实行可以帮助孤独症儿童独立开展和计划活动。

结构化教学法是教育教学中经常使用的教学方法，例如教室的结构化分区、课程表、学生个人日程表以及任务结构图等，这些都对教育教学产生了很好的助力。结构化教学利用孤独症儿童的视觉优势和对顺序的感知帮助其学习新的知识和技能。同时，这种学习反过来又能增加其参与任务的舒适度和动机，有利于帮助其成为自信的学习者，增强其独立完成任务的能力。

（二）实施

结构化教学是针对孤独症儿童个别化需求的教学策略，把握空间环境结构、运用时间表和个别化工作系统、提供视觉清楚且有组织的学习材料是其主要特色。在具体的教学实践中，也是将结构化教学的重要组成部分进行有机结合，营造一个适合学生发展的学习、生活的环境。在具体实施过程中，还应关注以下几点：

1. 个别化的教学目标和策略

结构化教学认为基于孤独症儿童不同的教育需要和特点，教师需要为其建立个别化的教育目标和教育策略。这些都依赖于详细而持续的教育评估，这些评估为教师提供孤独症儿童学习的方式、优/弱势、兴趣等线索，以确定需要干预的领域和策略。

2. 空间、时间和任务的结构化安排

对空间环境进行结构化分区，每一个区域有不同的功能；对时间进行结构化安排，制作儿童的日程表，以视觉化的方式向儿童呈现何时该做何事；对任务进行结构化安排，明确地呈现任务的先后顺序、任务的步骤等，以降低儿童的焦虑感。

3. 提供视觉支持

传统的教学方式口语教学并不适合大多数的孤独症儿童，他们更依赖于获取视觉信息。而结构化教学在很大程度上依赖于呈现的视觉信息，如图片、日程表、流程图等，用视觉信息代替口语教学或指令。

4. 利用儿童的特殊兴趣

将孤独症儿童的特殊兴趣或尤为喜欢的某一物品嵌入教学活动，可以增强儿童的动机，吸引其注意力，促使其参与学习任务。例如，部分孤独症儿童喜欢小棒，那么在教学过程中可以使用小棒教授儿童学业任务，如认识数字、配对等。

5. 校家合作

结构化教学强调校家合作，注重引导家长对儿童进行评估，将家庭对儿童发展期待与教学目标进行整合，教导家长如何为儿童提供个别化的支持。同时，儿童的日程表最好与家庭生活协调一致，保证儿童一日常规的一致性，促进儿童习得技能的泛化。

(三)案例

1. 建立常规

(1)入校的常规。孤独症儿童脱离了家长和老师的辅助,往往不知道早晨进入校园之后应该做什么,要按照什么顺序去做,因此,建立入校的常规十分重要。

根据学生的基本情况,可将入校常规分为6个部分:①问好→②签到→③交家校联系册→④放水杯→⑤放书包→⑥挂毛巾。

在入校流程中,学生活动范围较大,涉及衣物放置区、洗手间、加餐区等多个不同区域,因此采用分步式的视觉提示,帮助学生建立常规,即在任务区标注当前任务并提示下一项任务,如在放置家校联系册处标明:③交家校联系册→④放水杯。同时,针对学生能力水平差异较大的问题,对结构化提示采用两种形式,文字内容介绍,如图6-1所示,图片内容介绍如图6-2所示。

图6-1 文字形式入校常规　　图6-2 图片形式入校常规

(2)集体课的常规。在集体课中,为了让孤独症儿童能够更好地参与到集体学习活动中来，教师可通过视觉提示的方式，向学生展示一节课的流程、课堂规则及奖励机制。

①课堂流程：在结构化的集体教学中，课堂流程一般包括常规环节、集体教学环节、个别化练习环节。

以图片形式呈现这一流程，让孤独症儿童明确当前环节的任务内容以及接下来要完成的任务内容，如图6-3所示。

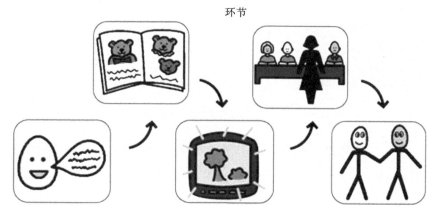

图6-3 集体课流程

②课堂规则：规则训练的主要目的是控制学生的情绪行为，把学生的注意力逐渐引向主题教学的环节之中，因此该环节的内容比较固定，变化较少，有利于学生领会接下来的程序或步骤，如图6-4所示。

图6-4 集体课常规

③奖励机制：根据各班级学生能力水平的差异，可以设置班级个性化的奖励机制。

学生能力水平较低的班级，可以设置个人代币系统的奖励机制，课堂出现教师期待的良好行为，就及时给予代币强化，集满约定个数的代币，可立即得到强化物，如图6-5所示。

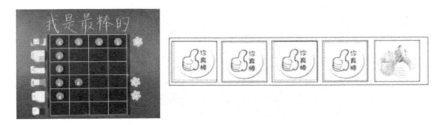

图6-5 代币奖励机制

学生能力较好的班级，可采用阶梯式强化，学生出现良好行为，可向上前进一个台阶，到达台阶顶层，可得到一个代币，将最后的强化物延迟至每天放学时予以满足，如图6-6所示。

图6-6 阶梯式奖励机制

2. 程序时间表的应用

不少孤独症儿童，记忆力差且语言表达能力弱，对时间概念的理解有困难，往往由于对下一个活动状况不了解而不安。因此除了指导他们在每天一定时间内学习以外，还可以帮助他们主动地由一项活动转向另一项活动。对于那些不愿离开的学生，可以让他们知道接下来的活动更有趣。

通常每个孤独症儿童至少有两个程序时间表，一个是集体时间表，如图6-7所示，一个是个人时间表，如图6-8所示。教师根据其能力，采用文字卡、图片或具体实物提示等方式制作程序时间表，以便其更容易了解活动的内容和顺序。

图6-7 集体程序时间表

图6-8 个人程序时间

二、关键反应教学

关键反应教学（pivotal response training，PRT）是基于应用行为分析的原理，主张在自然情境下对孤独症儿童进行的教育康复，它着重激发孤独症儿童的主动发起能力和兴趣，对沟通、语言、游戏和社会行为都非常有效，同时也能有效改善破坏性行为和自我刺激行为等。PRT注重训练孤独症儿童的关键学习变量（如动机、对多重线索的回应、自我发起、自我管理）。理论上，这些领域是孤独症儿童各方面取得进步所需的基本技能。通过增强孤独症儿童的动机和对多重线索的回应等方式促进干预效果更好地泛化和维持。

（一）特点

教导孤独症儿童的关键性技能；在自然环境中教学；主张家长培训和家庭参与最大化；使用关键反应训练的程序和策略。PRT要求教师具备遵循儿童的兴趣、提供明确的机会、新旧技能交替或变化任务、尊重儿童的选择并且分享控制权、依据儿童的表现进行强化、提供自然强化物以及强化儿童的合理尝试等技能。

（二）实施

关键领域是指那些一旦教会便对其他所有类型的行为产生积极影响的领域，也就是说关键领域的改善能够将这种积极影响"辐射"到其他领域，促进孤独症儿童其他行为的改善和泛化。这些关键领域包括动机、对多重线索的回应、主动发起以及自我管理。而其中动机被认为是改善孤独症儿童核心缺陷和让儿童参与有意义学习最重要的能力。

1. 动机

动机是凯格尔教授等人发现的第一个关键领域。研究发现，将动机融入孤独症儿童教育康复后，其破坏性行为减少，家长和孤独症儿童的幸福感和兴趣随之也得到了提升。在孤独症儿童教学中，对动机的关注需要在教学开始前先建立儿童注意力，共享控制，然后可以使用遵从儿童的选择、分散安排习得性任务和保持性任务、任务变化、自然强化以及强化尝试等策略维持儿童的动机。

（1）遵从儿童选择：强调在教学过程中、在活动或者干预中跟随儿童的引领，使用儿童感兴趣、喜爱或选择的物品、玩具或者话题。

例如，此次教学目标是配对红绿两种颜色，那么在呈现教学机会时，教师可分别拿出红色和绿色的物品或者玩具，让孤独症儿童自己选择其喜爱的物品，然后进行教学。

(2)分散安排习得性任务和保持性任务：将已经习得的任务（保持性任务）和未习得的任务（习得性任务）随机分散到活动或者教育康复中。这样可以避免一再学习新的习得性任务，而反复不断体验失败的感觉，最终导致习得性无助。例如，此次教学目标是配对颜色，习得性任务为配对红色和黑色，保持性任务是配对红色和绿色，教师可以将两种任务随机分散安排到活动中。

(3)任务变化：强调在互动中变化刺激物和强化物，也就是在教学过程中不要一直反复长时间地进行目标行为的训练，安排一些其他的间隔活动，这样不仅能减少孤独症儿童的行为问题，还能保持其参与任务的兴趣。

(4)自然强化：指在教学过程中，使用与任务直接相关且功能性相关的强化物。例如，目标行为是说出"糖果"，那么强化物就可以是糖果，也就是指强化物与目标行为直接相关。说出或者尝试说出"糖果"的行为，然后教师给予了糖果，建立了行为与结果的功能性关系。

(5)强化尝试：强化那些清晰明确、有目标指向的合理尝试。尽管孤独症儿童可能没有100%正确地做出目标行为，但对于这些真正的尝试进行强化不仅能够促进其目标行为的习得，还能提高儿童的动机。

2. 对多重线索的回应

对多重线索的回应强调教师要为儿童提供学习任务时，要尽可能选择多线索反应任务，以使反应建立在对多线索反应的基础上。例如，在描述一个物品时，可以用大小、颜色、气味、用途、位置、形状等多个方面的特征。如"你想要桌子上的小白球还是地上的大红方块"。环境中的多重线索刺激对于他们而言会变得具有功能性，这将扩大儿童的注意范围，最终提高儿童的学习与泛化能力。在教学中可以使用变化刺激、增加提示和合理安排强化等方法加强儿童对多重线索的回应。

3. 自我发起

孤独症儿童普遍存在社交互动缺陷，其中包括对社交线索的回应以及社交互动的发起。在教学中可以通过教授学生基本社交技能（如请求参与、轮流），教授基本社交问句，扩展语言沟通和社交、技能等方法逐步提升儿童自我发起的能力。

4. 自我管理

自我管理主要包括自我观察、自我记录和自我强化三个步骤，具体是指：儿童能够观察自己的行为，能判定自己的行为是否发生过；发生过的行为是目标行为，还是无关行为或者不良行为，如果是目标行为则需要儿童及时并如实地记录这一行为；当达到目标行为的标准后儿童为自己提供适当的奖励。自我管理有助于孤独症儿童行为问题、自我刺激行为和刻板行为的改善，提高孤独症儿童的社会交往能力。在教学中可以使用建立自我管理系统（设定管理的目标行为和奖惩机制）、执行自我管理系统（记录、奖惩）、培养独立性（如强化物淡出）和多场景泛化等方法培养儿童的自我管理能力。

（三）案例

关键反应教学法可以在全天所有时段、各种背景下由不同的教师实施，不需要使用特定材料。教师或其他人员可以将教学目标融入自然发生的学习机会中。例如，想要教学生学习10以内数字的点数，可以：在加餐时间数出他想要的饼干个数；在绘画活动上数出他想要的卡通贴纸的个数；在朗读课上数出课本某页的动物个数……确保在每一个场景中，学生为了得到想要的物品必须计数，如图6-9所示。

线索	学生的注意力 在您提供线索前确保学生正在集中注意力。 清晰且恰当的指令 提供清晰且恰当的线索，此线索须达到或稍高于学生的发展水平。 难易结合的任务（保持/习得） 提供难易相结合的任务以激发学生的动机分享控制权（学生选择/轮流） 跟随学生的引领，让学生选择活动或材料，与学生轮流以分享控制权。 多重线索（扩大注意力） 使用多种材料和概念的例子以增强理解力。 给学生提供机会回应以确保学生从多个角度注意学习材料。
	学生的行为或反应
反应	直接强化 提供自然的或与活动和行为直接相关的强化。 依联的后果（及时且适当）根据学生的反应立即给出后果。 强化尝试 奖励好的尝试以鼓励学生以后继续尝试。

图6-9 关键反应教学的要素

关键反应教学在游戏化教学中的应用：

在游戏的情境中，让孤独症儿童选择玩具（提供选择的机会），例如他选择汽车把玩，教师也拿一个汽车并且说："我拿的是红色的汽车，你呢？"引导他说："我拿的是绿色的汽车。"（条件区辨、安排轮流的活动）

接着，教师说："这里有一些积木，我要用红色的汽车带黄色的积木回家，你要不要带？"当孤独症儿童尝试拿积木时，教师立即给予口头赞美（增强尝试的行为），并且引导他说："我要用绿色的汽车带蓝色的积木回家。"最后让他用绿色的汽车和蓝色的积木回家（自然增强）。

下一次请儿童带他的绿色汽车和蓝色积木来，与教师的红色汽车和黄色积木见面。见面时，教师向儿童表示："我昨天没睡好，头痛，不舒服。"并引导孤独症儿童对他说："你头痛，不舒服。"（使用孤独症儿童会使用的语汇引导他同理心反应）之后，加入其他的游戏和互动，例如教师拿警车把玩，会有红蓝灯闪动，并且会发出声音，以引起孤独症儿童的注意。当他注意时，教师引导他问："这是什么？"之后问："我可不可以玩？"（引导自发行为）

最后活动结束，引导孤独症儿童说："我要用绿色的汽车带蓝色的积木回家。"（穿插促进行为维持的作业）

三、回合式教学

回合式教学也叫分次尝试训练（discrete trial teaching，DTT），是应用行为分析中最常用的、最核心的部分。DTT是一种强调个体化、系统化、计划性、严格性、一致性和科学性的具体的训练技术。通过对孤独症儿童采取一对一的教学来教授其技能，干预策略具有重复性、聚焦性，并有严格的开始和结束标志。在回合式教学中，通常会仔细规划前事行为和后果，一个教学回合开始时干预者会给出明确的指令或刺激，来引发一种目标行为。此外，干预过程中正面表扬和数据收集也是其中很重要的环节。

（一）基本步骤

DTT过程包括多项操作，每项操作都有明确的开始和结束，其具体过程由3个环节组成：①给儿童指令或者要求；②促使儿童对指令或者要求进行回答或者做出反应；③给予结果（对儿童的反应给予强化或者给予提示）。3个环节完成后，稍微停顿再给出下一个指令（开始新的操作），如下图6-10所示。

第六章 孤独症儿童的教育支持

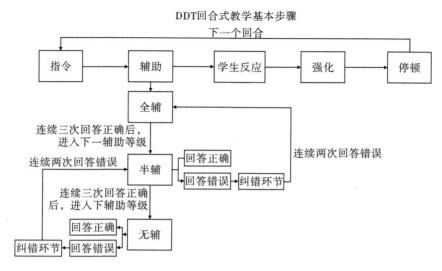

图 6-10　回合式教学基本步骤

(二)实施

在实际操作层面,教师要为孤独症儿童提供有效的回合式教学,除了要理解并忠诚实施每个教学回合的核心构成要素外,还需要在准备和泛化环节,甚至行为管理环节上达到相应的要求,如表 6-1 所示。

表 6-1　回合式教学要素构成要求

阶段	操作要求	注意事项
准备	◆安排好教室,减少对儿童的不必要干扰 ◆安排好教室,让儿童和自己感到舒服 ◆知道每个目标技能的准确目的 ◆明确知道要给儿童的指令	◆准确知道一个正确反应由什么构成 ◆准确知道要使用哪些教学材料 ◆准备好、整理好教学材料,放在自己够得到的地方 ◆选出教学期间用的强化物并把它们放在够得到的地方

续表

阶段	操作要求	注意事项
前事刺激	❖ 简化作为指令的语言，使之与儿童的语言水平相适应，如"汽车""给我汽车"等 ❖ 呈现适合于儿童技能水平的任务（确保儿童已经学会了先备技能）	❖ 使用中性的、友好的和清晰的声音 ❖ 使用为所教特定任务确定的精确的材料和措辞 ❖ 在给出结果之前给儿童留出3~5秒的反应时间 ❖ 每个回合仅呈现一次指令
辅助渐隐	❖ 提供教学计划中指定的辅助，S^D后立即出现辅助、S^D与辅助同时出现、逐渐增加S^D与辅助间的间隔时间 ❖ 必要时使用侵入性最小的辅助，诱发正确反应	❖ 特定辅导无效后，在下一回合使用侵入性更高的辅助 ❖ 防止无意识辅助，如总是注视正确的刺激、口头模仿正确的言语反应、把正确的刺激放在同一个位置
反应	❖ 允许儿童有3~5秒的时间做出反应 ❖ 观察反应是正确反应、辅助下正确反应、错误反应还是无反应	❖ 允许儿童有3~5秒的时间做出反应 ❖ 在等待儿童反应时防止重复指令或说其他的事情
强化	❖ 在儿童正确反应后尽可能快地呈现强化物 ❖ 在儿童消耗或与之互动时观察儿童是否喜欢该强化物	❖ 把微笑和表扬等社会性刺激与实物性强化物配对 ❖ 在各教学回合中变化实物性强化物 ❖ 在各教学回合中变化社会性强化物

续表

阶段	操作要求	注意事项
泛化	❖评估儿童在面对日常生活中发现的其他材料（如已经学习过的物品的不同图片或不同实物）时是否会表现新技能 ❖评估儿童能否在其他儿童中表现新技能 ❖评估儿童能否随时间推移保持新技能	❖评估儿童是否能在新环境（如家里、操场、学校其他地方）表现新技能 ❖评估儿童是否在其他成人（如不同的老师和家长）面前表现新技能

教师在进行 DTT 教学时，应着重注意以下几点：

①将教学目标行为细分到最小的学习单元里，一次只教授一个学习单元，连续 3 天，目标行为的通过率均超过 80%，即为通过。直到儿童习得该学习单元，才能将其他单元串联在一起。②提供密集式和反复式的一对一教学。③提供提醒和示范的协助，并根据儿童学习状况逐渐减少辅助的程度。④对儿童的反应给予立即响应，使用正面强化原理，鼓励儿童的适当反应。⑤在两个分解任务训练之间要有短暂的休息。

（三）案例

【教学项目】命名：苹果

【教学目标】在提问"这是什么？"或"这是……？"的情况下，儿童对苹果的图片或实物在无语言提示下正确命名。

【操作方法】根据儿童情况，选择苹果的实物或者图片。

首先进行测试，在引起儿童注意后，呈现苹果的图片或者实物，并提问"这是什么？"，观察儿童的反应。如果儿童回答错误，则开始进行教学环节。如果儿童回答正确，要再次进行测试，当儿童连续 3

次回答正确，则无须进行教学，在日常生活中进行泛化、巩固即可。如果儿童在前3次的测试中有错误的情况出现，则进入教学环节。

教学环节中，可按照全辅→半辅→无辅的顺序进行语言辅助。

全辅：在引起儿童注意后，呈现苹果的图片或者实物，并提问"这是什么？"，随后马上进行语言全辅"苹果"，引导儿童回答"苹果"，第一个回合结束，给予学生强化。当儿童在全辅的辅助等级下连续3个回合回答正确，则降低辅助等级到半辅。

半辅：在引起儿童注意后，呈现苹果的图片或者实物，并提问"这是什么？"，随后进行语言半辅"苹……"，引导儿童回答"苹果"，回合结束，给予学生强化。当儿童在半辅的辅助等级下连续3个回合回答正确，则降低辅助等级到无辅。

无辅：在引起儿童注意后，呈现苹果的图片或者实物，并提问"这是什么？"，儿童独立正确回答"苹果"，回合结束，给予学生强化。

当儿童能够在无辅的情况下连续3天保持80%及以上的正确率，则可以视为儿童习得了该技能，后期需要进行维持和泛化。在练习其他技能的过程中对"苹果"的命名进行穿插复习，避免遗忘。同时可以使用不同大小/颜色/状态/不同画风的卡片，更换不同的老师和场所等方式，帮助儿童进行泛化。

四、任务分析

任务分析（task analysis）也叫工作分析，是将复杂或"连锁"的行为技能分解为更小的组成部分，以便教授技能的过程，旨在使学生能逐步、有效地掌握该行为或技能。任务分析法可以教学生逐步地执行行为链的各个步骤，直到掌握整个技能（正向链接），或者可以教学生从最后一步开始执行单独的步骤，并逐步通过技能链向前移动,直到从一开始就掌握了整个任务(反向链接)。也可用于向学习者呈现一个完整的任务,并明确说明如何从头到尾完成这项技能。其他的实践,如强化、视频示范或延迟,应该用来促进小步骤的学习。当掌握了小步骤后,学生在执行较大技能时会变得更加独立。

(一)实施

在教学中,任务分析法经常适用于孤独症儿童生活技能的学习。任务分析法通常有以下三个步骤:

1. 确定目标教学任务(一般是学习行为或技能)

在生活教学中运用任务分析法,首先要确定目标任务。对于孤独症儿童来说,需要掌握的生活技能有很多,但不是每项生活技能都能被确定为目标任务。这是因为不是所有生活技能都适合学生目前的能力水平,也不是所有的生活技能都适合在集体教学中教。教师需要选择那些适合学生身心特点、对学生来说是普遍亟须学习的技能作为目标任务。目标任务来源于学生的生活实际。教师要在生态化环境中观察和了解学生需要哪些生活技能,生态化的环境包括学校环境、家庭环境和社区环境,家庭环境和社区环境中的信息可以通过询问熟悉儿童的家长。

2. 对目标教学任务进行适合的分解

在确定目标任务以后,教师需要把目标任务分解为适合学生学习的步骤。目标任务的分解既要参照技能本身所包含动作的特点和顺序,同时也要结合特殊儿童对于这一技能的能力水平来划分。

如果分解目标任务后对于孤独症儿童的学习仍有困难,则需将已经分解的步骤进一步细化、分解,直到适合儿童的能力水平。分解目标任务也要注意动作的连贯性,如果动作之间过于割裂,也会影响到学生对技能的习得。教师要综合多方面的因素进行取舍,最终将目标任务分解为合适的步骤。

3. 目标教学任务分步骤教学

目标任务分解以后，学生可能仍对某一特定步骤的学习存在困难，这一难点步骤也往往是教学中的难点，需要在教授步骤前提前进行分析。确定难点步骤通常有两个依据，一是目标任务中本身这个步骤是比较难的，二是根据学生的能力水平，对某一特定动作的学习存在困难。

在按照分解步骤训练之前，首先要向学生完整地呈现训练步骤。呈现任务的方式既可以是现场示范，也可以是录像示范。现场示范的榜样既可以是教师，也可以是已经初步掌握某一技能或动作的同伴。

在按照分解步骤训练以后，教师还应注重把所有的步骤进行整合，并给予学生充分的机会进行练习。为避免枯燥，教师也可以融入多种形式的游戏、比赛、情境演练等教学手段，让学生在实用和趣味中反复练习，直到熟练掌握整个技能。

（二）案例

1. 确定学习目标

学会独立刷牙。

2. 细分学习目标

将复杂的学习目标分解为符合儿童能力起点的多个简单的"分任务"，如果需要的话，可以将分任务进一步加以分解，直至该分任务符合儿童的行为起点为止。

（1）取出牙刷，将刷头浸湿；

（2）将适量的牙膏挤放到刷毛上；

（3）刷上、下牙齿的外侧；

（4）刷上、下牙齿的咬合面；

（5）刷上、下牙齿的内侧；

（6）漱口；

（7）冲洗牙刷；

（8）将牙刷、牙膏及杯子放回原处。

3. 依序实施教学

在教学过程中，按照学习目标的顺序从头至尾进行教学，也可以从最后的目标行为教起。教师帮助儿童完成前面的步骤，将最后的步骤留作教学任务。待该任务完成后，再向上回溯，进行倒数第二个分任务的教学，以此类推。这样做的好处是，儿童在每次完成学习活动时，相应的总任务也完成了，这样儿童更容易体会到成功。

第三节 行为支持

一、积极行为支持

积极行为支持（positive behavior support，PBS）是一组建立在功能评估结果基础上的行为干预策略。它主要运用教育的方法来扩展个体的行为技能，并通过系统的改变、调整对个体所生活的环境进行重构。[1] 其目的在于通过系统的改变影响行为问题发生的环境，以达到长期、有效地预防或减少行为问题，增加适宜行为，提高个人及家庭生活品质。

---

[1] 昝飞. 行为矫正技术[M]. 北京：中国轻工业出版社，2021.

（一）行为功能与评估

1. 行为的功能

行为的功能通常可以大致分为获得关注、获得物品、自动正增强或自动负增强(自我刺激)、逃避(逃离)四种。

(1)获得关注。这一类行为问题是由于个体在环境中受到的他人关注无法满足自身想要获得的关注需求而产生的。

如小明经常在老师讲课的时候发出怪叫声。老师一看到他,他就停下来,甚至很开心。老师继续讲课,小明又开始怪叫,目的是想要老师给予其更多关注。值得注意的是如前述示例中的"教师看他"这一行为,生活中如转头、惊讶的面部表情、斥责、设法安慰、劝说或转移注意力等。这些反应都可能会有意无意地正强化个体的这一类行为问题。

(2)获得物品。此类行为问题源于为了获取所需物品而产生,包括实物、期望观看的电视节目或想去的地点等。

在日常生活中,我们的许多行为通常是为获取某些喜爱的物品,有时是直接获取,有时则需借助特定环境条件。例如,孩子在商场看到心仪的玩具车,希望将其带回家,但带玩具车回家需经父母同意并支付费用。当父母拒绝购买时,孩子可能会通过大声哭闹来争取,最终成功得到玩具车。因此,这种哭闹行为因能帮助其接触心仪物品而得到强化。

(3)自动正增强或自动负增强(自我刺激)。有些行为并不依赖他人的行为提供结果,而是可以直接产生自己的强化。

这种强化可能是正强化也有可能是负强化。如通过旋转物品满足视觉的需求;为寻求口腔的刺激频繁吮吸手指属于自动正强化;身上痒的时候,就会用手挠痒痒,以减少"痒"的厌恶刺激这就属于自动负强化。

(4)逃避(逃离)。很多行为被习得是由于它们有效地终止或推迟了一些厌恶事件。

如写作业时,小明一会儿要喝水,一会儿要上厕所,一会儿说铅笔坏了,这些行为都可以延后写作业。问题行为也可以用同样的方式来维持。像攻击行为、自伤行为和怪异地说话这样的问题行为,可能会终止或避免与他人进行不想要的互动或活动。① 如儿童因不想上课,而在教室里打翻座椅、攻击老师的行为。

2. 行为功能评估方法

(1)描述性评估

描述性评估依赖在自然环境中对行为进行直接观察,主要的观察方式包括ABC叙事记录、ABC连续记录和散点图记录3种方式。这里提到的ABC分别是A(antecedent)指的是前事刺激(事件),也就是行为问题出现之前发生了什么事,B(behavior)指的是行为问题本身,C(consequence)指的是行为结果,也就是行为问题出现后发生了什么事,如图6-11所示。

图6-11 前事(A)行为(B)后果(C)说明图

①ABC叙事记录法

ABC叙事记录法通过分析行为的前事刺激、行为本身及其结果,归纳出目标行为与前事刺激及行为结果之间的关联,从而确定行为

---

① 约翰·库珀,蒂莫西·赫伦,威廉·休厄德(著);美国展望教育中心(译).应用行为分析(第三版)[M].北京:华夏出版社,2023.

的功能。在孤独症治疗和干预过程中，ABC行为观察记录首先要求客观记录所见所闻，而非主观臆断。同时，还需详细记录每件事情的前因后果。例如，在儿童哭闹之前发生了什么，在他哭闹之后又发生了什么。也要记录每个行为事件的发生时间、持续时间和频率。例如，儿童何时开始哭闹，哭闹持续了多久，以及每次哭闹之间的间隔。此外，行为记录不应仅限于一次观察，而需连续多日记录，以确保数据的准确性。最后，观察者须全神贯注于被观察者，并在记录过程中尽量保持自然状态，以免因观察者的疏忽或被观察者的不自然表现影响数据的可靠性。

应用ABC叙事记录法的场景示例：

周六康康发烧了，身体很不舒服。周日一早奶奶去超市给康康买了很多好吃的，还计划给康康中午烧他最爱吃的糖醋鱼。中午一家人正在吃午饭时，康康在吃完第三块糖醋鱼后对妈妈说"妈妈，我还想吃一块糖醋鱼"，妈妈说"你不可以再吃肉了，要吃青菜"，康康依然坚持说"妈妈，我还想吃，我还想吃"，奶奶起身把糖醋鱼端进了厨房。康康看到后，把面前的饭碗摔到了地上，饭菜撒了一地，一边哇哇大哭一边还拿起筷子敲起了妈妈的脑袋。奶奶见状说"好吧好吧，还是给他多吃一些吧"，说着把鱼又端了回来，康康拿起筷子，夹了一块糖醋鱼放进嘴里。针对这一示例我们可以设计观察表并进行记录，如下页表6-2所示：

表 6-2　ABC 叙事记录表示例

观察对象：<u>康康</u>　记录者：<u>爷爷</u>　目标行为：<u>破坏及攻击他人的行为</u>

时间	A-前事	B-行为	C-后果	推测功能/备注
XX 年 XX 月 XX 日 XX 时 XX 分	奶奶起身把糖醋鱼端进了厨房	康康把饭碗摔到了地上，拿起筷子敲妈妈的脑袋	奶奶说"再给他多吃一些"，并把鱼端回康康面前	获得物品

②ABC 连续记录：ABC 连续记录是观察者记录个案在自然常规活动中的一段时间内所发生的目标行为问题和被选定的环境事件。

这里所记录的特定前事、行为问题和后果的编码方式可能是根据行为功能的间接评估以及 ABC 叙事记录中获得的信息而发展出来的。以上述康康的行为问题为例，我们可以设计 ABC 连续记录的表格，如表 6-3 所示：

表 6-3　ABC 连续记录表示例

观察者：<u>康康爷爷</u>

开始时间：<u>下午 6：00</u>　结束时间：<u>下午 9：00</u>

观察日期：<u>XX 年 XX 月 XX 日</u>

前事	行为	后果	推测功能
□任务/指令	☑破坏物品	□移除任务	□获得关注
□忽视	☑攻击他人	□社会性关注	☑获得物品
□社会性互动	☑哭闹	□斥责	□自我刺激
□做喜欢的活动		☑获得强化物品/活动	□逃避
☑移除强化物品/活动		□忽视	
□独处		□转移注意力	

③散点图记录：散点图记录是一种记录目标行为在某些时间比其他时间出现的更频繁的数据记录方式。

运用散点图记录是将一天的时间按照时间片段(如每30分钟)或者生活场景片段(如入校时间、早操时间、运动课、加餐时间、个训课……)分成若干个模块，记录者在记录表上使用不同的符号记录每个时间段内目标行为出现的情况，如下页表6-4所示。通过散点图的连续多天记录可以帮助我们发现行为出现与特定的时间段之间的关系，进而检查其与特定的环境事件之间的关联。

(2)间接评估：间接行为功能评估的方法是使用结构性访谈、行为功能评估量表或问卷的方式从了解个案表现出的问题行为的情况的人(如教师、家长、照顾者和/或服务对象本人)那里获得信息，以确定自然环境中可能与问题行为相关的情况或事件。[①]

无论是使用访谈还是一些标准化的评估工具，在进行信息收集之前仍需要施测者们去定义目标行为。在访谈中，一般会通过以下问题来了解个案的行为问题基本信息，如下页表6-5所示。

除了访谈，还可以通过标准化的评估量表或问卷来测量个案问题行为的功能，常用的标准化评估量表有《行为问题功能性评估量表》(洪俪瑜/MAS，Durand，1990)；杜兰德的《行为动机评估量表》(Motivation Assessment Scale，MAS)；《功能分析筛查表》(Functional Analysis Screening Tool，FAST)等。

---

① 约翰·库珀，蒂莫西·赫伦，威廉·休厄德(著)；美国展望教育中心(译).应用行为分析(第三版)[M].北京：华夏出版社，2023.

第六章 孤独症儿童的教育支持

表6-4 学生行为散点图(频率)记录表

学生姓名：_____ 观察者：_____ 目标行为(清晰的)：_____ 观察时间：_____

时段	活动内容	周一	周二	周三	周四	周五	周一	周二	周三	周四	周五
8:20-8:50	早操/升旗										
8:50-9:20	第一节课										
9:20-9:40	眼操/加餐										
9:40-10:10	第二节课										
10:10-10:50	户外/加餐										
10:50-11:20	第三节课										
11:20-12:00	午餐/散步										
12:00-13:30	午休										
13:30-14:00	起床整理										
14:00-14:30	第四节课										
14:30-14:40	眼操										
14:40-15:10	社团活动										
15:10-15:40	劳动实践										

注：行为的频率以次数记录，可采用"正"数计次法，每次用一笔。

表6-5 行为功能评估访谈问题

行为问题是什么？
哪些行为问题最严重？
出现行为问题之前最可能发生什么情况？
行为问题发生之后最可能发生什么情况？
你认为个体为什么会出现这种行为？
个体在服用什么药物？
个体常规的饮食、睡眠和活动习惯是什么？
什么时候行为问题最不可能发生？
个体最喜欢的活动或对象是什么？
个体用什么方法来表达抗议、请求，以及引起注意？
过去曾使用过哪些干预策略？

（二）积极行为支持策略

积极行为支持根据行为发生的前事、行为表现、结果、相关环境因素等诊断目标行为问题产生的原因与功能，进而拟定积极行为支持策略，可以分为生态环境改善、前事控制、行为教导、后果处理和其他个体背景因素的干预策略等。

1. 生态环境改善策略

生态环境中有一些导致行为问题产生的因素，为了促使行为产生长期的积极的改变，就需要干预者们从整体大环境的改变来带动环境的改变。生态环境改善的策略主要包括：

（1）改变对孤独症儿童的观念和态度：该策略要求我们要对孤独症儿童有一个清晰且公正的认识，不要因为儿童的"病"而给其设限。如有些家长或老师因为儿童患有孤独症而降低对儿童的要求，甚至对他的一切行为问题都放之任之，这种态度会严重影响儿童对许多社会功能的学习和改善。

（2）营造积极支持的家庭环境、学校环境和社区环境。

面对儿童的行为问题我们应该持一种接纳和教育的态度，而并非以暴制暴。先为其营造一种安全、信任的环境氛围，然后再处理其行为问题。

（3）改变个体生活形态，让其有社会参与感和归属感。

该策略包括：提升儿童的社会角色；建立良好社会关系；为其提供选择与控制的机会；提供参与各种活动的机会等。

2. 前事控制策略

行为问题处理的最佳策略就是防患于未然，因为行为问题一旦产生就有可能对人、事、物造成无法弥补的伤害。前事控制策略是一种短期预防策略，其策略的使用一方面关注预防行为问题的发生，另一方面注重增加引发积极行为的前事的产生。其策略主要包括：

（1）调整环境因素：包括调节环境中的人（如果行为问题因对特定的人有反应）；物理环境（位置、光、温度、色彩、空间、活动地点）；活动时间；消除前事环境中的诱发刺激；引导家长或教师对儿童设定清楚且适当的期待等，以减少因环境而带给儿童的不适。进而降低行为问题的产生。

（2）进行事前预告：孤独症儿童经常会因为生活中的一些突发事件，如活动的变化无常、生活作息的打乱等情况，这些事件会让他们失去原有的生活平衡感和安全感进而变得情绪激动，甚至引发哭闹、自伤和攻击性行为。

这就需要为其准备事前预告，包括：建立明确、可预测的生活作息日程表；准备一些积极行为提示卡片，告知学生应做出的恰当行为；采用口头说明、图片/影片预告等方式提前报告接下来的突发事件等方式，让其有心理准备。

（3）使用非后效增强（NCR）：非后效增强是指在行为问题没有

发生之前，就给予儿童想要的后果，以此来避免不恰当地强化其问题行为。

如学生通过尖叫获得教师的关注，我们可以在学生还没有出现尖叫行为之前就给予其恰当的关注，他坐好、安静等行为都可以成为我们关注他的契机。非后效的增强包括：非后效地关注、非后效地给予物品、非后效的感官强化、非后效地逃脱等。具体的使用策略要根据儿童行为问题产生的功能进行选择。

(4)使用反应中断：有些行为问题发生之前会有明确的先兆，干预者可以在发现这些先兆时就采取反应中断的策略，也就是"将行为问题扼杀在摇篮里"在使用反应中断时我们可以：通过语言的暗示，及时沟通转移注意力；削弱感觉刺激；增加反应消耗和行为成本；手动阻止和增加保护措施等方式来实现。

(5)调整任务：这一策略主要运用在因逃避功能而产生的行为问题。

其策略包括：依照儿童能力和兴趣安排活动；调整任务的难易程度、分量；调整儿童完成任务的单次时长、完成方式；调整任务的呈现和给予方式；在做多个任务前可以给儿童选择的机会等。

3. 行为教导策略

生态环境改善和前事控制策略虽然能够预防行为问题的产生，但不能完全阻止行为问题的发生。从长远的观点来看，干预者仍需要使用一些行为教导策略帮助孤独症儿童建立更多的积极行为，以此让他们逐渐掌握处理生活困境的积极应对方式。其策略包括：

(1)辅助：辅助又称"提示"，是一种附加的刺激，在行为进行之前或进行之中给予的刺激，有意识地引发儿童的正确反应（所期望的反应），也有利于提高教学效率。

辅助的种类有很多种，平时教育康复中最常用的辅助形式包括身体辅助、示范辅助、手势辅助、位置辅助、语言辅助、视觉辅助、环境辅助等。

（2）行为塑造：行为塑造是一种常见的孤独症儿童行为教导方法，它是通过不断强化接近最终目标行为的一个个小目标，引导个体逐渐形成某种新行为的过程。

对孤独症儿童来说，生活中的许多行为，如课堂中安坐、长时间等待等集体技能的学习都是可以通过行为塑造的方式逐步增强，逐个实现来最终习得的。

（3）行为连锁：行为连锁是运用强化的策略，使多个刺激反应的环节连成一个熟练的复杂行为。

在行为连锁序列中的每个反应都会产生刺激变化，也就是说，序列中的一个反应是前一个反应的强化，同时也会引发下一个反应。如刷牙这个行为，我们需要先打开牙膏、拿起牙刷、把牙膏挤到牙刷上、刷牙、漱口、清理台面等逐个环环相扣的步骤，才能最终完成刷牙。这一系列行为就是行为连锁。

（4）行为后效契约：行为后效契约是指干预人员与儿童之间的一种承诺，以促进其积极行为的养成，或减少行为问题。

一个有效的契约包括七个重要内容：①儿童达成的行为目标或者标准；②记录行为的方式；③儿童需要表现的积极行为和干预人员的职责；④儿童达到或未达到目标行为的后果；⑤维持积极行为可获得的奖励；⑥儿童与干预者的签名、生效日期等。

（5）自我管理：自我管理可以用来监控儿童遵守课堂规则，帮助其实现个人目标，通过设定增量目标分解大的学习任务，改变不良习惯或干扰行为。

教师教授自我管理技能时，一般可以给学生一张"良好行为清单"，列出相应的行为要求，让学生对照检查自己的行为。另一种类型的自我监控是利用步骤清单展现所期望的行为,如结交新朋友的行为步骤,以此鼓励学生表现出预期行为。①

除上述内容外,有关行为教导的策略还有很多如任务分析法、社会故事、功能性沟通训练等。可在实际的行为干预情境中依据孤独症儿童的实际情况和能力表现选择适用的行为教导策略。

4. 后果处理策略

行为发生之后,干预者所做出的反应就是行为后果处理策略。行为的后果处理策略旨在通过行为问题出现之后,发生的立即后果是行为问题变得无效,进而减少行为问题在之后发生的概率,同时也能增加良好行为在之后类似情境中的使用。具体策略包括:

(1)计划性忽略:计划性忽略主要针对的是无伤害性的,只为获得注意的一些问题行为。

如儿童为了获得老师的关注故意在上课时唱歌等行为。这个策略又可称为"消退"本位的行为干预。"消退"意指前事获得强化的行为不再得到强化,导致行为频率随着时间的推移而不断降低直至消除。② 假如教师以往因关注而强化了问题行为,当不再关注该行为时,行为的频率一般会降低、持续时间会缩短。但在行为消退之前,有时也可能会变得更糟,即出现"削弱暴增"。这是运用消退方法常见的问题。

(2)区别性强化:区别性强化,指对行为问题之外的适当行为进行强化,从而间接减少问题行为的发生,其主要由通过不同的强化产生适当行为或减少不当行为两个部分组成。

---

① 盛永进. 多重障碍学生教育理论与方法[M]. 北京:华夏出版社,2023.
② 盛永进. 障碍学生行为干预后果策略的设计与实施[J]. 现代特殊教育,2022(12):17-21.

如为了获得教师的关注，小明在课堂上常常拍桌子，为了减少拍桌子的行为，老师区别性强化其安坐、举手等不同的行为，进而降低其拍桌子行为的效能。

(3) 反应代价：反应代价是在行为问题发生后，剥夺儿童一定数量的强化物，以减少未来行为问题发生的可能性。

其策略包括：剥夺儿童某一个特定的强化物，如提前告诉学生如果他上课玩课本超过三次就被剥夺课间玩喜欢玩具车的权利；撤除特定喜爱的活动，如在活动中学生频繁打其他玩伴，被要求停止一轮；限制选择用品或活动的自由权利；以及扣除代币或积分等。

(4) 赞美和辅助他人表现的积极行为：该策略是引导儿童通过观察学习的方式习得行为问题发生的情境中如何通过积极的行为来达到预期的成果。

例如，通过表扬小明安静举手回答问题，引导小刚学习举手技巧，减少其在课堂上未经允许就随意插话的问题。实施时，要确保赞美的是儿童已掌握的技能，并具体描述期望模仿的行为。同时，应广泛赞美不同个体的良好行为，避免过度集中于个别人或小组。

5. 其他个体背景因素干预策略

积极行为支持主张对行为问题进行多元素的干预，除上述基于行为分析的干预方法和策略之外，干预者们还可以从个体的生理、心理以及人本教育等背景因素方面选择合适的干预方法，包括：

(1) 药物使用：如果行为问题的产生是由于个体的生理问题或者精神症状所引起的，如孤独症伴随癫痫、抑郁、过度兴奋、多动等；那么使用一些药物可能是干预方法之一。但是作为教育者角色的行为干预师并不具备为个体进行药物治疗的能力，这时干预者应该积极寻求医疗人员的协助，遵从医嘱并积极地配合调整教室环境、课程内容等，以符合个体需求。

（2）营养和饮食的控制：有研究表明，孤独症群体经常出现偏食行为，他们可能只选择性地吃某些食物，或者特别排斥某些食物，还有的孤独症儿童对某一种食物尤其敏感，如摄糖或食用巧克力过量引发儿童亢奋等。这些饮食习惯都会导致其行为问题的发生，同样，对其进行饮食习惯的调整和控制也能够在一定程度上减少行为问题的发生。

（3）了解儿童的气质类型：心理学认为人的气质类型是多种多样的，如张飞和林黛玉因气质类型的不同，所表现出来的行为方式也是有所不同的。所以面对不同气质类型的儿童，我们也要因"材"施教，遵从儿童的气质，找到最合适的行为干预方法。

（4）建立表达媒介：表达媒介是指允许和鼓励个体，运用不受限制的各种媒介，如游戏、音乐、舞蹈、绘画及其他艺术创作等形式表达自己的感受和情绪，进而促进其行为问题的解决。在学校活动中，干预者可以通过设置该类课程的形式帮助孤独症儿童建立表达的媒介，通过多种方式帮助个体表达情绪。

以上是在积极行为支持实施过程中经常使用到的一些策略和方法，然而，针对不同行为问题，所使用的策略方法并不仅限于以上列举内容。更多有效的策略方法有待我们在实际工作中不断探索与思考。

二、问题行为干预

（一）自伤行为的干预

孤独症儿童的自伤行为是指一些对自己身体造成伤害或不适的行为，如打头、撞墙、咬手指、抓挠皮肤、吃异物等。

1. 自伤行为的功能和原因

自伤行为的原因多样。一些孤独症儿童可能因感官调节问题，通过自伤寻求刺激或逃避不适，例如抠伤自己舔血以求心理满足，或通过击打头部逃避身体不适。此外，他们也可能为了吸引他人注意、获取想要的物品或活动，或避免不喜欢的事物而自伤。例如，击打头部以引起老师关注，或撞头以逃避课堂活动。

2. 自伤行为的干预策略

在进行自伤行为干预时要保证孤独症儿童和他人的安全，避免造成严重的身体损伤干预策略包括：

（1）进行感觉统合训练：对因感觉异常而出现自伤行为的儿童，可以进行一些感觉统合训练。

具体方法包括：①触觉训练。即通过给孤独症儿童提供各种不同质地、温度、形状的物品，如沙子、水、泡沫、棉花等，让他们用手或身体去摸、抓、揉等，来刺激他们的皮肤感受器，增强他们对触觉信息的接受和区分能力。②前庭训练。通过给孤独症儿童提供各种不同方向、速度、幅度的运动，如摇摆、旋转、跳跃等，让他们感受身体在空间中的位置和运动变化，增强他们对前庭信息的适应和平衡能力；③本体感训练。通过给孤独症儿童提供各种不同强度、持续时间、范围的压力或拉伸，如按摩、拍打、拉扯等，让他们感受身体各部位的肌肉和关节的状态和活动，增强他们对本体感信息的控制和协调能力。

（2）使用忽略与增强：如果孤独症儿童自伤行为是为了获得他人的关注或关心，那么在他出现自伤行为时，家长或教师应该故意不予理睬或关注，避免强化其自伤行为；在他停止自伤行为后，及时给予关注和奖励，以强化其良好行为。

同时，要根据孤独症儿童自伤行为的严重程度和安全性，选择合适的忽略方式，如视觉忽略、听觉忽略、身体忽略等。视觉忽略是指不看儿童，转移视线或转身离开；听觉忽略是指不说话，不回应儿童的叫喊或哭闹；身体忽略是指不碰儿童，包括不抱或拉他。在保证儿童和他人安全的前提下，尽量减少对儿童的反馈。

（3）行为塑造：即将由感觉刺激维持的自伤行为塑造成不那么具有危险性或程度较轻的行为。

例如，一位患有视力障碍兼孤独症的学生，经常用手击打头部。他的行为影响了自身的安全，别人看起来也很难受。于是，当学生手臂挥动，轻轻抚摸头发时，教师就奖励他喜爱的零食。当这种行为塑造得以实现时，他将用手击打头部的行为就会变成用手抚摸头部了，然后逐步降低其抚摸的频率。即使他仍然要用手碰到头部，但这种行为已经不那么具有破坏性，也更容易被他人接受。

（4）调整任务活动。环境中的任务、活动也有可能导致孤独症儿童出现行为问题。如果自伤行为是由于获得物品、活动或逃避等功能所维持的，干预者就可以通过调节环境事件的方式改善孤独症儿童的行为问题。

如要求学生书写一页汉字，在写到一半时学生突然扔掉作业纸并用力捶打自己的头部。通过观察发现该生的行为问题是由于写字的时间较长而导致的，我们就可以将学生每次书写的时间缩短，通过多次少量的方式降低学生自伤行为发生的概率。

（二）攻击行为的干预

从行为的操作制约理论来看，大多数的攻击行为都是通过学习而形成的。

1. 攻击行为的功能和原因

通常，孤独症儿童表现出攻击性行为是为了寻求关注、获取物品或避免外界刺激。例如，孩子可能会掐老师以引起注意，或者推倒同伴以便得到心爱的玩具。此外，攻击行为也是一种应对不良刺激和释放负面情绪的方法。由于孤独症儿童难以用语言或其他方式表达自己的想法，他们往往会通过攻击他人或自我伤害来释放压力。

2. 攻击行为的干预策略

（1）及时制止：当儿童出现不恰当的攻击行为后，我们要先使用温和、平静及坚定的语气，告诉儿童这样做是不对的，会令别人受伤。

如果不能够令儿童停止，必要时可以用身体控制的方式，制止儿童伤害别人。在处理儿童攻击行为时，我们的态度很重要，要保持平和的心态，控制自己的情绪，但立场一定要坚定。当注意到儿童的行为有好转表现时，可给予表扬、关注和物质奖励。

（2）隔离：当儿童出现攻击行为后，我们不能使用暴力手段来制止，但可以使用"隔离"的方式，让儿童安静。

例如，让儿童独自坐在屋子角落，我们不理他，但仍然不要离开我们的视线，时间也不可过长，用这种方法来惩罚他的攻击行为。首次可以隔离 5 分钟时间，如果儿童中途站起来，或者大喊大叫，可以将时间延长 5 分钟。如果延长到了 30 分钟，也就表示这个方法对儿童不太有效果，我们就需要再考虑别的处理方法。

（3）调整环境：面对儿童的攻击行为，我们可以从环境的角度入手，有的儿童喜欢随手拿起身边的物品扔向别人，我们就需要把儿童身边容易被抛掷的东西收好，不要让儿童接触对人有危害的物品。

（4）自我管理：儿童有攻击行为，往往说明自我控制能力的不足，特别是在遭遇外部刺激的情况下不能克制，因此，相对应的训练也很重要。

比如，儿童意识到自己处于应激状态时，用深呼吸、数 123 等方式让自己从应激状态中平静下来，或者马上离开激起怒火的环境等。如果儿童年龄很小或者没有意识到自己情绪的能力，建议家长或老师在儿童出手之前给予语言指引,或者带离那个场所,避免儿童一再使用攻击。

(5)功能性沟通训练:如果儿童是因为表达能力不足,或者不懂社交规则等,这需要提高儿童的沟通能力。

比如,想要某个玩具时,可以用"能不能给我玩一会儿"代替抢夺,尽可能事先和儿童做好沟通,当儿童提出请求时允许儿童玩,及时给予正面强化。如果是儿童的语言表达能力不足,可以引导儿童用自己的零食或玩具等物品跟同伴进行交换。

(三)刻板行为的干预

孤独症儿童常有刻板重复行为,如摇晃、手指摆动、重复话语以及一成不变的行为方式等,这些行为可能是他们应对焦虑和压力的方式。

1. 刻板行为的功能和原因

不同的刻板重复行为可能有不同的原因和功能,例如:为了获得感官刺激、逃避不喜欢的任务、吸引他人注意、维持自己的秩序等。分析刻板重复行为的原因和功能有助于制订合适的干预方案,避免盲目地打断或惩罚儿童。

2. 刻板行为的干预策略

(1)教导替代性行为:替代性行为是指一些能够满足儿童相同或类似需求,但又不会造成负面影响的行为。

例如,如果儿童喜欢摇晃身体,可以教他用跳绳或跳舞来代替;如果儿童喜欢玩手指,可以教他玩橡皮泥或拼图来代替;如果儿童喜欢拍打头部,可以教他用手拍桌子或拍鼓来代替。提供替代性行为可以让儿童有更多的选择,减少对刻板重复行为的依赖。

(2)调整生态环境:通过生态环境的调整能够提高儿童兴趣、动机和参与度，同时也能促进儿童学习和发展的活动。

例如，可以根据儿童的喜好安排一些游戏、音乐、艺术、运动等活动，让儿童在快乐中学习新技能和知识；也可以根据儿童的能力安排一些日常生活任务，如整理房间、帮忙做饭、洗碗等，让儿童感受到自己的价值和成就感。增加有意义和有趣的活动可以让儿童充实自己的时间，减少无聊和空虚感。

（3）进行预告：通过一些能够提供清晰的环境提示，对儿童的一日流程进行预告。

例如，使用日程表、计时器、提示卡等工具来帮助儿童安排好每天的活动，让儿童知道什么时候做什么事情；也可以使用奖励系统、积极语言等工具来鼓励和表扬儿童做出正确和合适的行为，让儿童知道什么样的行为是被赞赏和接受的。建立结构化和规律化的环境可以让儿童感受到安全和稳定，减少焦虑和紧张感。

（4）进行多方位的泛化训练：多方位泛化训练旨在帮助儿童将学到的技能和知识应用于各种情境、人物、物品和形式。

例如，如果孩子因固定的上学路线和方式而不适应变化，比如临时下车购物或公交车座位被占，可能会发脾气。这时需要进行多方位泛化训练，从固定路线开始，逐渐改变为乘坐不同交通工具上学，并提前告知可能的变化，如中途下车买早餐。学校还可以开设一起乘公交课程，模拟公交车上的情景并进行生活场景的泛化训练。这样可以帮助儿童开阔视野，减少刻板思维。

此外，刻板行为不仅是一种行为问题，它与孤独症儿童强烈的秩序感有关。有时，我们可以利用这些刻板行为来培养良好的习惯，例如，通过孩子的刻板行为教他们帮忙摆放鞋子。在学校里，我们也可以利用孤独儿童的这种行为，让他们定期整理图书和送报纸。

（四）课堂干扰行为的干预

孤独症学生的自身障碍使其难以在集体教学中集中注意力，以致经常会出现一些不利于教学与学习的课堂干扰行为。如随意说话、大喊大叫、唱反调、随意离座甚至发展成攻击、自我伤害等。

1. 课堂干扰行为的功能和原因

课堂干扰行为多种多样。孤独症儿童的干扰行为主要出于逃避、寻求关注或获取特定物品和活动。例如，他们可能会通过唱歌来避免回答老师的提问，或者离开座位跑出教室以逃避上课。一些孩子为了引起老师的注意会随意插话，而另一些则因未能得到心仪的玩具或活动机会而哭泣。此外，由于对规则的理解不足，他们在集体活动中难以遵守课堂规则。

2. 课堂干扰行为的干预策略

（1）调整环境因素：调整环境因素主要是调整孤独症学生情境因素、调整课程有关因素、改善孤独症学生生态环境等，包括调整座位、建立作息表、调整活动方式等。

如针对学生上课时间采用离座的方式逃避课堂活动，我们可以提前将学生的座位调整到其左右、前后等都有同学的位置，增加其逃离座位的难度。也可以通过调整活动方式，通过增加学生上台活动的机会等方式，让学生的离座行为变得更加合理和有意义。

（2）调整课堂任务：调整课堂任务主要包括调整作业的难度以及形式，改变学习任务的给予方式，降低所学内容的难度等。

如针对孤独症儿童破坏作业的行为，可以通过提前询问该生是否愿意完成作业，及时告知其完成作业后的奖励，适时降低作业的难度等。

（3）使用视觉提示：视觉提示利用图片、照片、文字和表格等视觉工具，帮助学生通过视觉信息提高接收、理解和沟通能力。它帮助学生明白当前和未来的任务。

例如，在课桌上贴上坐好和保持安静的图片，明确课堂行为要求。还可以制作一日流程表，帮助学生熟悉日常活动，减少因不知流程而引起的干扰。

（4）区别性强化良好行为：课堂干扰行为有时是由于教师的不当反应造成的。

例如，学生尖叫以避免上课，教师让他们离开教室冷静；学生未经许可随意插话，教师说"别说话了"等。教师的这些行为有可能强化了学生想要逃避或寻求关注的不良行为。因此，作为课堂主导者，教师应注意识别孤独症学生的课堂行为，忽略某些干扰行为，及时强化良好行为，并通过适当的方式防止逃避行为。例如，某生能用恰当的方式表达想要休息的时候，可以允许学生暂时休息一小段时间。这样，才能逐渐帮助学生习得更多良好行为。

（5）运用辅助：课堂干扰行为有时是由于教师的不当反应造成的。

当学生在课堂活动中面临较大难度的任务时，教师可以根据其实际需求选择相应的辅助方式，以帮助其更好参与课堂活动。比如书写时，为无法正确握笔的学生提供辅助书写工具；为不能独立且准确写出汉字的学生提供汉字描红材料；在提问时，如果等待3秒学生仍无法做出回应，就给予其语言辅助，协助其做出正确反应等。除了辅助方式外，影子教师的设置也是课堂辅助的重要组成部分，在不干扰授课教师正常教学活动的情况下，影子教师可以对学生的注意力、参与度等进行全方位的关注，在节省教师教学时间的同时给予学生更加适时的辅助。

(五)性行为问题的干预

孤独症儿童生理发展规律与普通儿童没有太大差异,他们同样存在典型的身体发育和性驱动,所表现出来的性意识并不比其他发展障碍的人少,但是由于自身发展的局限,孤独症儿童的性行为问题也比较普遍,如在公共场合暴露生殖器、自慰或者不恰当的触摸异性等。这些问题在学生发展到青春期时更为复杂,同时也会对孤独症儿童自身的发展以及周围其他人造成危害。

1. 孤独症儿童性行为问题的原因

首先,孤独症儿童无法正确应对性唤醒,性唤醒指个体加工外部(如视觉、触觉性刺激)或内部(如幻想)的性刺激时所产生的一种情绪状态。由于他们不能理解和应对性唤醒所带来的身体上的变化,因而就会产生一系列行为问题。其次,由于孤独症儿童本身所具有的核心障碍及认知障碍导致他们难以获得足够的性知识。由于性知识的缺乏,也就导致难以养成良好的生理卫生习惯,例如,男孩不能正确处理遗精及性冲动,女孩不能正确处理月经来潮。最后,孤独症儿童出现的自慰或不适当触摸行为可能是寻求一种感官刺激,而这种刺激能够带给其快感。

2. 性行为的干预策略

(1)正视性生理需求:孤独症儿童的生理发育和性驱动与普通儿童并无太大差异,正视孤独症儿童的性生理需求,了解相关知识是十分必要的。

只有了解儿童在生理和心理上存在哪些变化以及容易出现哪些问题,才能更加科学地认识孤独症儿童出现的性行为问题。在充分了解性教育的相关知识后,教师在孤独症儿童出现问题行为时所持的态度就会较之前有所改善。在此基础上,教师应摒弃一切负面情绪，如厌烦、回避甚至生气，应积极应对。密切关注孤独症儿童的异常行为，分析诱发其问题行为的原因，以便给予适当的教育。

（2）"视觉支持"策略下的性教育：孤独症儿童的语言理解和运用在很大程度上可能涉及视觉能力的参与。

在孤独症儿童的性教育中，可以利用其视觉优势，为儿童提供视觉层面的生活化的性教育。例如，在教他们关于身体隐私时，可以用图片展示不同场景（如在家里的浴室和学校的教室），用红色和绿色的框表示允许和不允许的行为信息。比如在浴室里换衣服是绿色（允许），而在教室换衣服是红色（不允许）。这样的视觉支持策略能够促进孤独症儿童对相关知识的认识和理解。

（3）运用"社会故事"策略进行社会行为干预：社会故事法以心理理论为主要理论依据，强调通过提高患者对社会情境和社会行为规则的理解来促进患者社会能力的发展。

教师可以运用文字讲述和图片展示的形式，通过结合孤独症儿童出现的自慰、不恰当地触碰异性（他人）等行为问题，设定某个特定的情境，让儿童了解到某些行为是不适当的并展示适当的行为，使其掌握社会交往的适当行为。以孤独症儿童现有的生活环境和表达能力进行社会故事的编写，可以采用图画的方式清晰地描述出人物、动作以及场景，并配以儿童听得懂的简要的文字说明。比如，"和人说话时保持距离，别人会很开心"，在讲故事之后，可以模拟情境进行练习，强化目标行为。

（4）基于功能性行为评估的问题行为干预：有时我们把手淫等性行为作为一种行为来分析也是有必要的。

根据经验，孤独症儿童有时可以通过性行为来缓解无聊，特别是当他们参加的活动或者课程太简单或太难等想要逃避时，以及午休时间儿童睡不着、自己躺在被窝时。我们可以通过行为发生的前、中、后来判断儿童性行为的功能。另外,干预者可能还需要考虑儿童是否知道,如果她/他在公共场合自慰,可能会受到惩罚。或者他/她的行为可能会增加获得他人关注的机会。总之,这些行为问题也会有很多其他的可能性。干预者可以先进行几天的行为观察记录,然后再制订干预方案。

(5)进行认知教学:孤独症儿童性行为问题中最大的困扰可能是不分场合地做出自慰、手淫,或者不恰当的接触他人等,如前所述产生这一行为问题的原因可能是没有足够的知识使他们了解性行为,以及何种情况下可以进行一些自慰等性行为。

面对这样的问题,我们可以从认知的角度使用公共和私人场所以及身体部位的图片来帮助我们讲授一些"公共的""私人的"等概念。教授孤独症儿童理解什么是"公共的"和"私人的"的概念。如"公共的"是指有不止一个人的地方。"私人的"指一个人独处而不被人看见的地方。还需要让他们经常反复地学习"触摸别人的私处是不被允许的。这是因为我们的身体是隐私的,如果你碰了别人的身体,会让他们感到不安和尴尬"等规则;以及了解一些适当的非性接触行为,如在什么时间、什么地点、哪些人是可以拥抱、握手的。[①]

(六)饮食行为问题的干预

饮食行为问题是孤独症的常见共患病,特别容易伴发极端喂养困难、挑食或偏食,最终表现为饮食多样性受限、营养不足或超重,以至于出现营养失调、消瘦、肠胃功能紊乱,还会继发情绪困扰和睡眠障碍等。

---

① 弗雷迪·杰克逊·布朗,莎拉·布朗(著);贾美香,吉宁(译).当智力障碍和孤独症少年进入青春期[M].辽宁:辽宁科学科技出版社,2021.

1. 饮食行为问题的原因

孤独症儿童挑食的原因可能与嗅觉或味觉异常（迟滞或异常敏感）有关，也可能是重复刻板行为的泛化表现，下面总结部分可能的原因：

(1) 生理上味觉、嗅觉不敏感，心理上知觉特异，如一些儿童特别排斥一些湿乎乎的食物。

(2) 环境适应性弱，缺乏安全感，如一样的青菜，在家庭环境中接受，在学校却不吃；也可能会因为一次不愉快或者受伤害的饮食经历，就把某种食物列为不喜欢甚至危险的对象。

(3) 行为刻板单一，抗拒接纳新事物，如他们大多偏爱米饭、面食、奶类、冷饮及膨化食品，但不喜欢肉类、水产、蔬菜、水果等。

(4) 社交沟通障碍，社交沟通障碍可能会影响孤独症儿童用语言表达饥饿、饱腹感、喜欢和不喜欢的能力。如孤独症儿童特别容易吃得少，因为他们从食物中没法感受愉悦感，最终对食物越来越不感兴趣。

(5) 口肌功能薄弱，如孤独症儿童通常伴有智力低下，会引起吞咽、咀嚼或吸吮障碍。他们口部肌肉力量薄弱，咀嚼及咂唇能力差，不会缩唇。舌头运动不够灵活，不能充分咀嚼或搅拌食物，只能不充分地前伸后缩，不能侧向运动，无上下运动。

2. 饮食行为问题的干预策略

由于饮食行为种类更为复杂，其干预策略也较难统一，本书主要从进食行为、喂养行为、感知觉异常行为等不同行为的类别进行梳理。

(1) 对进食行为的干预策略：在孤独症儿童刻板行为引起的进食问题方面，在实践中可以根据个体认知发展水平给予干预，通过触

摸或舔舐，培养儿童尝试新食物的兴趣。

让孤独症儿童接触更多种类的食物，即使不被接受，只是简单的接触也会降低食物排斥的严重程度。通过物理食物转化的方法，如香蕉变成香蕉冰激凌、胡萝卜变成果汁等也会降低新食物恐惧症的严重程度，并增加果蔬的摄入量。跟踪孤独症儿童喜欢的食物，并慢慢地在给他们准备喜欢的食物的基础上加入极少量的其他食物，让其逐渐习惯食物的存在、外观、感觉、味道和质地。

(2) 对喂养行为的干预策略：在孤独症儿童饮食行为干预中，喂养行为不容忽视，成人在儿童的饮食中引入强化食品是儿童饮食多样性减少、缺乏营养的解决方案，融入视觉菜单和视觉层次，教儿童如何恰当地表达拒绝食物，有效地增加了用餐时的交流。

运用正强化的干预手段，在所期望的行为发生时，给予孤独症儿童期望的奖励。在儿童做出不适当的行为后，将食物移走并远离儿童30秒。差异强化是一种对期望行为和不期望行为给予不同强化的行为策略，忽略儿童的不恰当行为，当儿童吃了一种新食物时给予表扬，比如奖励给儿童一口喜欢的饮料。

(3) 与感知觉异常相关的干预策略：针对感觉敏感性的干预措施应包括重复、逐步接触新奇或非首选的食物。

采用以食物为基础的味觉教育，是一种简单、短暂、无创且有效的方法，可以减少对食物的挑剔并增加食物种类，味觉教育项目为干预者提高儿童饮食多样性提供了更温和的方法。针对孤独症儿童感知觉异常，采用舔海苔训练，用手法快速擦来刺激口腔外部，用冰棉签按摩刺激儿童口腔内部及舌根，用震动棒按摩口腔内部、唇周等方法来降低敏感性。采用口部触觉刺激联合音乐游戏的干预手段，可以降低孤独症儿童的口部触觉高敏，促进口部触觉感知正常化，提高对不同食物的接受度。

(4)与口肌功能薄弱相关的干预策略：孤独症儿童口部肌肉力量薄弱而影响进食，使用牛奶和棉签，以及不同质地的食物对孤独症儿童进行口肌训练。

以上是基于孤独症教学一线所遇到的常见行为问题及其干预策略，正所谓没有一成不变的行为干预方案，只有千变万化的行为问题。对于行为问题的干预也需要有一个熟能生巧的过程，也就要求教师及孤独症相关工作者们立足于个案的实际情况，多观察、多分析孤独症儿童的行为问题，在实践中不断积累经验，以达到面对孤独症儿童若干行为问题都能够游刃有余地解决的地步。

三、情绪调控

情绪调控能力是指控制自己的情绪活动及抑制情绪冲动的能力。情绪调控能力是建立在对情绪状态的自我觉知的基础上的，是指一个人如何有效地摆脱悲伤、愤怒、焦虑、害怕等因为失败或者不顺利而产生的消极情绪的能力。[①] 孤独症儿童在社会交往中突出的一个特点就是情绪调控问题，他们往往因无法理解自己或他人的情绪状态，难以正确表达和回应情绪而引发消极情绪，进而导致行为问题的产生，影响其学习和生活。所以，孤独症儿童消极情绪与行为问题常常相伴而行。

(一)孤独症儿童常见的消极情绪

1. 焦虑

情绪困扰中最常见的问题是过度焦虑。当常规作息或原有计划发生变化时，孤独症儿童会表现出强烈的焦虑情绪。这种过度的焦虑会严重影响他们已有的适应能力，由于难以控制和调节强烈的情

---

① 胡晓毅.孤独症儿童情绪能力教学[M].宁波：宁波出版社，2020：287.

绪，他们可能会反复回忆和体验负面情绪相关的事件，却很少表达自己的痛苦或寻求他人的帮助。此外，焦虑导致的回避行为容易被误解为控制欲强或对抗性行为，从而引起严厉或不当的对待，进一步加剧他们的情绪压力。

2. 抑郁

孤独症儿童因为不被理解和接纳，在社交上和生活适应上做出很多无谓的尝试而疲惫不堪，会体验到消极和无意义感，变得更加退缩而选择独处。与此同时，因为确认和描述情绪的能力欠缺，其抑郁情绪可能通过更为原始的攻击和外化的行为表现出来，而被误认为是愤怒和冲动。

3. 强迫性

因缺乏灵活性，孤独症儿童对犯错特别敏感，表现得像完美主义者，从而容易表现出强迫的特征。其强迫更多地表现为强迫的行为和仪式性动作，强迫症状和刻板且局限的兴趣和行为结合在一起时，会难以分辨。通常来说，强迫症状是令人苦恼的，而特殊的兴趣是令孤独症儿童愉悦的。

4. 恐惧

许多孤独症儿童伴有感知觉异常，这导致其可能对声音、光线、触觉等感官刺激异常敏感，如打雷、嘈杂的电视声、楼梯的高度、刺鼻的香水味道等，这些过度的刺激可能引起他们的不适和恐惧。

（二）情绪调控的支持策略和方法

1. 进行情绪认知与表达的教学

为孤独症儿童进行情绪认知与表达的教学有助于他们更好地理解和表达自己的情绪，提高他们的社交技能和生活质量。教学的内容包括情绪的识别与理解、情绪的表达、情绪的回应以及情绪管理等内容。在教学策略上可以采用视觉辅助工具，即使用情绪图卡、面部表情图片等视觉材料，帮助儿童识别不同的情绪状态；角色扮演，即通过模拟某些引起儿童产生消极情绪的社交场景，让儿童在安全的环境中练习表达和处理情绪；自我报告，即引导儿童用简单的语言或手势表达自己的感受，逐步增强其情绪表达能力等。

2. 建立稳定的情绪支持环境

为孤独症儿童建立稳定的情绪支持环境至关重要，因为他们对环境变化和社交互动更多，难以理解和表达自己的感受，这可能导致情绪波动和行为问题。一个稳定和支持性的环境有助于他们更好地适应日常生活，减少焦虑和压力，从而提升社交能力、学习能力和整体福祉。这对他们的长期发展和融入社会具有不可估量的价值，不仅能促进个人成长，还能减轻家庭和社会的负担。建立稳定的情绪支持环境通常包括：

①建立规律的作息，可以为孤独症儿童制作固定的作息时间表并协助执行，以减少不确定因素带来的焦虑。②营造一个安全的空间。可以为儿童创造一个安静、无刺激的环境作为孩子的"安全港"，供其自我调节情绪。③加强情感联结也是必不可少的，通过肢体接触、游戏互动等方式，与孤独症儿童建立深厚的情感联系，让他们感受到被理解与接纳的温暖。

3. 促进社交互动和情感交流

孤独症儿童在情感理解和表达上存在障碍，积极情绪较少，难以与其他个体共享积极情感，因此应创设促进其社交互动和情感交流。具体的方式可以包括组织小组活动，如经常鼓励儿童参与适合的社交小组活动、游戏团体等，通过与其他孩子的互动，学习情绪共鸣和分享；加强兴趣导向，即根据儿童的兴趣点设计活动，激发

其参与热情，同时促进情感交流和社交技能的发展等。而且，在这个过程中应该多给予儿童正向的鼓励和反馈，增强其自信心和社交动力。

四、常规建立

常规，即在日常生活和各项活动中所遵循的基本行为规范和准则。系统的常规学习能够切实助力孤独症儿童更好地适应学校及社会生活，构建积极的社会关系，进而达成社会融入的目标。

（一）常规的分类

常规主要包括生活常规、学习常规和游戏常规。

1. 生活常规

生活常规主要是指儿童的生活自理、交往礼仪、自我保护、环境卫生和生活规则等活动中有关活动内容、时间和程序的明确规定。学校中主要涉及学生入校、饮水、盥洗、餐点、睡眠、如厕和离校等环节。建立有序的生活活动常规，有利于儿童在有节奏、有秩序、有规律的真实生活情境中自主、自觉地发展各种生活自理能力，形成健康的生活习惯和交往行为，在集体生活中安全、健康、愉快地成长。

2. 学习常规

学习常规指儿童在学习活动中需要遵守的约定俗成的规则。主要包括学习规范养成和教学依从两方面，学习规范包括如读写习惯、爱惜书本文具、整理学习用品等；教学依从包括安坐、倾听、关注力、听从指令、模仿、代币兑换等。建立合理的学习活动常规，有利于儿童在有计划、有准备的学习情境中增加积极的学习体验，使之能提高认知能力、丰富情感体验，为后续学习打下基础。

3. 游戏常规

游戏常规是指儿童在不同的游戏活动中形成的游戏规则、行为规范等。其中结构化或半结构化的游戏活动对儿童的常规要求标准较高且比较具体，旨在儿童通过教师的预设和指导，掌握游戏的功能性玩法。以儿童自发地参与非结构化的游戏活动对常规的要求比较宽松，重点在于儿童能够在和谐的游戏情境中发展提高想象力、创造力及交往合作能力，促进其情感、个性的健康发展。

（二）常规建立的支持策略

1. 示范

示范策略通过向儿童呈现目标行为，引发其模仿，进而促进儿童对目标行为的习得，这一策略通常与提示和强化策略结合运用。能够有效促进其学习常规和生活、职业、游戏技能的发展。在示范策略中，最常使用的方法是视频示范，即通过视频录像形式，对目标行为进行分步录制，形成系列视频材料供学习者反复观看学习。

2. 结构化教学

结构化教学是专门针对孤独症开发出来的一套教育化干预策略。结构化教学通过视觉支持的方式，帮助他们更好地理解和适应环境，提高他们的社会适应能力。例如，学校通过重新布局教室，明确划分不同活动区域，并设置清晰的环境界限，使环境更加有序和有意义，从而使儿童能够更好地理解学习内容、活动安排以及教师的要求。提供视觉化的规则流程，指导学生的活动，支持他们的自主行为，减少对他人依赖的习惯。

3. 行为矫正技术

在孤独症儿童常规建立中，最普遍使用的行为矫正技术为行为塑造和行为连锁。

行为塑造侧重于通过逐步设定小目标，引导儿童逐步接近并最终达到期望的行为模式。例如，课堂教学中频繁离座的同学运用行为塑造，从其安坐时长的基线开始逐步塑造学生的安坐时间，在干预阶段通过设置并塑造不同的逐渐增长的安坐时长，以达到其安坐目标。

行为连锁则是将一系列复杂行为分解成简单步骤，通过逐一练习和强化，使儿童能够连贯完成整个行为序列。比如，教师在教儿童洗手、穿衣、叠好挂衣服以及扫地、洗抹布、擦桌子等值日活动时都会运用行为连锁的方法。

4. 语言能力教学

常规的建立学习离不开语言的表达和理解，更离不开人与人之间的互动沟通。语言能力教学包括听力、发音、命名、阅读、对话和辅助沟通。这些能力常常贯穿常规建立的整个学习过程，特别是在培养基本技能时。例如，在学生整理书包的过程中，他们需要识别自己的书包及其内部物品如毛巾、水杯和作业本等，并通过实物与图片的匹配找到相应的存放位置，这就需要学生具备阅读和语言理解的能力，进而顺利完成整理任务。

对于口语能力弱于语言理解能力的儿童，辅助沟通对改善情绪行为和常规至关重要。例如，一名口语表达困难的学生在课堂上因为无法有效沟通而忽视教师指令，注意力不集中，甚至躺下逃避活动。学校可以通过辅助沟通教学，帮助他增强沟通意识和习惯，从而提升课堂参与度和行为规范。

5. 多重范例教学

多重范例教学利用丰富多样的实例，助力孤独症儿童快速掌握新概念。鉴于孤独症儿童在理解抽象概念如规则、安全防范意识上的挑战，常规的建立需大量实践练习以巩固技能。采用多重范例，能在短时间内通过具体且多变的例子，有效提升他们的学习效率。比如教授儿童使用水龙头，在识别水龙头和使用水龙头时可以为儿童准备按压式、感应式、扭动式等多种水龙头；也可以在厨房、卫生间、餐厅等多种情境下练习使用。

另外在常规建立的过程中，强化的使用也非常必要。无论是老师还是家长，都应该巧妙地使用强化原理，特别是通过表扬和奖励等正面强化方式，来支持孩子的积极行为，鼓励他们遵守规则和习惯。这不仅有助于提高他们的常规执行能力，还能增强自我管理能力，为他们的成长和融入社会打下基础。

第四节　社交沟通支持

一、图片交换沟通系统

辅助沟通系统(augmentative and alternative communication，AAC)是利用手势、图片或符号等方式，将信息传递给他人，实现与人交流的辅助技术。辅助沟通系统扩展了孤独症儿童的沟通方式，采用替代策略，实现多样化沟通，解决无口语儿童沟通难题。图片交换沟通系统(PECS)是 AAC 中的一套替代性视觉输出系统，训练方式是以具体的图片作为沟通工具，经由交换图卡的方式传递讯息，获得想要的物品。PECS 包含由易到难的六个阶段：

1. 以物换物

此阶段的目标是希望儿童建立出一个沟通的基本模式。教师展示儿童喜欢的物品，并放一张该物品的图片在儿童面前。儿童会拿

起喜欢物品的图片,然后放到教师手上,以交换喜欢的物品。

2. 增加自发性

此阶段的目标为增加学生沟通的自发性。在沟通板上放上偏好物的图片,教师站在与儿童不同距离的位置上展示他们喜欢的物品。儿童能自行走向沟通板,并取下偏好物的图片,走向教师,并把图片放到教师手中以换取喜欢的物品。

3. 分辨图片

儿童想得到某一物品时,他要走向沟通板,在众多图卡中取出正确的图卡,走向教师,把图卡交到其手中。教师会逐渐增加图卡的数量,让儿童辨认。教师可以使用不同程度的增强物帮助儿童辨认图卡,例如展示一种儿童喜欢的东西和一种厌恶的东西,或者两种儿童喜欢的物品,让他使用图卡选择想要的东西。教师亦可以控制空白图卡、彩色图卡、图卡大小对比、图卡位置或图卡立体程度来帮助学生。

4. 句式结构

当儿童学习了一定数量的图卡后,可以开始学习组织句子了。当儿童想要得到某件物品,他要走到沟通册处,拿起"我要"图卡,贴在句子尺上,再拿起物件图卡,贴在"我要"图卡之后,然后拿起句子尺,交到教师手中。儿童应该先学习最实用和简单的句子,例如"我要(对象)"。教师在开始时可先把"我要"图卡贴在句子尺上,让儿童拿起"对象"图卡贴上去,以完成句子。当儿童熟悉技巧后,可让儿童自行组织整句句子。

5. 对问题"你想要什么?"做出回应

当儿童对使用图卡表达运用自如以后,可以学习回应"你想要什么?"的提问了。教师向儿童提问:"你想要什么?",儿童能够拿起

"我想要"的图片和强化物的图片贴在句子尺上,并拿句子尺与教师交换物品。

6. 能回答评论性问题及表达意见

当儿童掌握了上述阶段的目标后,可以学习回答评论性和描述性问题,例如教师提问"你要什么?""你看到什么?"或"你听到什么?"等,儿童能够拿出与所提问题相同的图片,并与正确的句首表达卡一同贴到句子尺中,进而用句子尺与教师交换。在这个阶段,儿童已经不只表达个人需要,更会学习对事情和环境做出描述和评论。

二、社交故事

社交故事(social story)是美国孤独症专家卡罗尔·格雷(Carol Gray)于1991年提出的,它通过日常说故事的形式,帮助孤独症儿童构建"社交数据库",通过朗读、伴读、讲解、模仿、角色扮演、实地练习等方式,把社交常识潜移默化地传授给儿童,增进他们对社交情境的理解,使他们在面对相似情境时能主动地、自发地做出恰当的行为。

(一)实施

1. 确定目标行为与技能

通过专业治疗师、老师、家长等相关人员对孤独症儿童实时观察和评价,了解其主要的社会行为障碍及情境,按照不适当社会行为的严重程度、影响社会适应的程度、预期的干扰效果,与其他行为改变的关联性等,从中选出目标行为。

2. 评定社交行为障碍的发生原因和目标行为的基线水平

这一阶段要找出造成儿童社会能力障碍或不适当行为的主要原

因，因此需要详细了解目标行为在什么情境下和什么人之间会发生，以及目标发生行为发生的过程，进而分析和理解孤独症儿童的行为。同时，要在一定时期内详细记录目标行为发生的次数和频率，建立行为的基线。

3. 编写社交故事

编写社交故事中常用的句型有：描述句、透视句、指导句、控制句、肯定句、合作句等。

描述句用来指出情境中最重要的因素，具体、客观地描述。解释发生什么事，句子内容需要尽量接近事实。

透视句主要描述在情境中看不见但重要的情绪，描述他人的内在想法、意见和感觉等。

指导句用以建议在情境中适合的行为反应或是提供选择，引导个人做出期许行为。

肯定句用以表达文化中一些价值观念，指出原则和规定。

控制句是从孤独症儿童的观点指出在情境中可用哪些策略帮助自己去记住所要表现的行为。

合作句要指出别人在情境中会如何帮助孤独症儿童，主要用以协助教师及父母记住自己在社会故事中所要扮演的角色。

社交故事是社交故事干预的载体，拥有完整的故事结构，编写原则必须讲求科学性，可遵循的原则如下页表6-6所示。

表 6-6　社交故事编写原则

标题编写原则	句子编写原则	内容编写原则
①根据目标行为设定明确的标题。 ②以疑问句或陈述句设定标题。 ③可采用第一人称"我"撰写社会故事的标题。 ④可在标题中加入对行为的评价	①句子数量应配合学生的认知程度。 ②合理安排句型比例	①尽量用第一人称撰写。 ②多描述正向行为，少描述负面行为。 ③避免采用带有"绝对"意义的词汇

4. 实施社交故事干预

社交故事干预应按照事先确定的时间表进行，最初至少一天一次，待产生效果后，可逐渐减少一些提示内容，或调整时间表。故事的阅读最好安排在事件发生前几分钟，使儿童可以及时练习故事中提示的内容，并获得反馈。阅读时通常由教师示范后，由儿童自己阅读，但对阅读能力较差的可提供必要协助。

(二) 案例

1. 案例背景

小 Y，8 岁，是一年级的孤独症儿童，具有较好的认知基础，对声音与文字比较敏感，能认识很多汉字，喜欢看书、唱歌、读古诗等。入学第一天的升旗仪式上，刚听完国歌，小 Y 就开始一边跺脚蹦跳着一边哭泣着大声唱国歌，教师上前安抚，他反而倒地哭得更厉害，升旗仪式结束后过了很久他才平复情绪。在课堂上，老师播放完示范视频后，小 Y 经常会双手捂着耳朵大声哭泣并不断重复视频的内容，影响上课的节奏和其他同学情绪。在家里，小 Y 也经常因为一个动画片结束了而大声哭闹，父母感到很苦恼。

2. 案例分析

从若干表现来看，小Y在学校、家庭都有比较严重的场景转换困难问题，他对场景转换不适应的情绪表达就是哭闹和重复上一场景的部分内容。因此可以发挥小Y认识汉字、喜欢读书的认知优势，采取社交故事干预帮助他改善这个情绪行为问题。

3. 应用过程

(1) 编写社会故事《结束了该怎么办》故事脚本。

我叫小Y。（描述句）

我喜欢听歌。（描述句）

升国旗的时候会听国歌。（肯定句）

上课的时候老师也会让我们听歌。（肯定句）

当歌曲快要结束的时候，老师会提醒我。（合作句）

我可以安安静静地坐好或者站好。（指导句）

我还可以说："老师，我还想再听一遍"。（指导句）

如果这样做了，老师会夸我很棒。（透视句）

听到老师的表扬我会很开心。（透视句）

(2) 实施社会故事干预：将社交故事制作成绘本。

制作完成之后，先和他一起读了一遍，逐句向他解释意思，又将社交故事制作成简易版本贴在他的桌子上，每天都会和他一起读一遍。读完之后问他几个问题例如："歌曲放完之前老师会怎么做？""如果听完歌你没有哭老师会怎么做？"在一遍遍的阅读中，他基本上能够理解社交故事所表达的意思。在他已经掌握的情况下，有时会通过短语填空的形式，让小Y自己来说出正确的做法，加深他对社交故事内容的理解与内化。

4. 干预效果

通过一个学期社交故事法的持续干预,小 Y 同学因场景转换困难而产生行为问题的次数有了明显的减少,特别是在升国旗和课堂教学这两个情境中,基本能做到音乐停止后较快地平复好自己的情绪。他能够以比较好的状态开心快乐地生活学习。

第七章　教育合作

孤独症儿童教育合作与支持是实现孤独症儿童全面发展的重要保障。孤独症儿童的教育不仅需要家庭、学校、社区等多方合作，还需要教育、心理、康复等各个领域专家的密切配合，才能提供全面、科学的教育支持，满足孤独症儿童多方面的特殊需求。

第一节　校家合作

一、学校专业支持

学校拥有丰富的专业资源，在校家合作中应主动积极地与家庭联系，向家长宣传科学的教育知识和方法，帮助家长创设良好的家庭教育环境，共同商讨、解决家庭教育中的困难和问题。学校对家庭教育的专业支持主要有以下几个方面：

(一) 心理咨询支持

对家长而言，自己孩子确诊为孤独症是重创性的事件。学校可运用专业知识和经验，采取心理疏导的方法，帮助家长勇于面对现实，树立正确的育儿观念，平稳度过心理危机期，尽量减轻由于孤独症儿童的确诊带来的心理负担。

(二)法规、政策宣传的支持

学校应积极主动地向孤独症儿童家长宣传国家的特殊教育政策、法规,帮助家长提高孤独症儿童教育的政策水平,加深对孤独症儿童教育意义的认识,同时也使家长明确自身的权利、义务和责任,更好地协助学校、社会共同做好对孤独症儿童的教育。

(三)专业培训支持

学校可通过开展系统培训、定期组织学校开放日、录制线上培训视频等形式,帮助家长了解孤独症儿童的身心特点及教育需求,教给他们家庭教育康复常用的策略和方法。学校还可通过线上的方式指导家长进行家庭教育。

二、家庭教育参与

家长不只是孤独症儿童的监护人,更是孤独症教育工作的合作伙伴。学校要以积极的教育合作态度邀请家长参与学校教育工作,使之成为教育活动中的重要资源。

(一)维护儿童的合法权益

家长可以扮演监督者的角色,监督学校的教育活动,保障教育的适切性和有效性。家长应主动向学校询问有关孤独症儿童及其家庭的权益知识和政策、资源,也有权参与学校教育活动的设计与安排。

(二)交流相关教育信息

为了掌握孤独症儿童的各种教育需要,大量的信息需要由家长提供,包括学生的养育情况、医疗情况以及在家庭、社区生活中的表现等。家长应向学校提供有关儿童在家庭、社区中生活学习等方面的真实信息,为评估诊断孤独症儿童的教育需要提供依据。另外,家长也要为制订 IEP、改进教育策略、调整教育方法提供及时有效的反馈。

（三）参与学生的教育活动

教育评估与 IEP 的制订是特殊教育起始性的基础工作，也是整个教育过程中的重要一环。家长应积极主动参与自己孩子的教育、评估与 IEP 的制订。同时，家长也应根据需要配合学校及教师在家庭或社区中对学生开展社会实践或融合活动。

（四）掌握科学的方法和策略

要做好家庭、社区中对孤独症儿童的教育，就需要家长掌握孤独症儿童教育康复相关的专业知识与技能。家长应积极参加学校组织的培训、学校开放日等活动，并认真自主学习学校提供的家庭教育资源，学习有关的家庭教育方法和策略，提高参与学校教育合作和家庭教育的水平和质量。

（五）进行家庭教育康复

家庭教育康复是孤独症儿童教育的重要组成部分。家长应根据学校的要求，通过协作性的教育和康复训练，来巩固和深化学校教育的效果，如适应性技能训练、行为矫正、社区融合等。家长的参与不仅可以维持和泛化教育的效果，而且也体现了当代全员育人、全过程育人、全方位育人的新理念。

三、合作方式

（一）个别的方式

1. 家访

家访的目的在于沟通交流情况，商讨教育合作的内容、方式和方法等，争取家庭和学校之间同心协力紧密合作。特别是在孤独症儿童入校教育的初期，教师应通过家访，深入了解其在家中的真实表现、家长对儿童教育的认识、家庭及其社区周围环境对孤独症儿童身心特点的影响等。这些自然场景中的表现信息，往往是有效评估和开展教学的重要依据。在进行家访时，应注意针对不同家长的特点，从尊重家长的观点出发，建立良好的合作关系。每次家访必须有明确的目的、要求，并做相应的记录。

2. 个别交谈

个别交谈是一种非常灵活、机动、有效的沟通方式，包括教师利用接送孤独症儿童的时间与家长交谈、电话交流和专门约谈等形式。前两种是最简便、最经常的联系方式。尽管时间不长、内容简单，但能及时互通信息，使双方都能及时了解孤独症儿童在家和学校的近期表现，便于双方及时配合。专门约谈家长则是教师有目的、有计划、认真严肃地与家长进行谈话。教师可根据孤独症儿童的教育情况灵活选择交谈形式。

3. 家教咨询

家教咨询也是一种常见的指导家庭教育的有效方法。家长在配合学校的教育中，由于孤独症儿童专业知识、技能的缺乏，在家庭教育的实践中会遇到许多疑难问题。作为学校和教师，应设法创设一些机制，通过定期或不定期的方式，给予家长答疑解惑。例如，通过家长信箱、网站、咨询室等来接受家长的咨询。如果家长需要长时间的咨询和帮助时，学校应根据需要，拟定专门的咨询方案。

4. 家校联系册

家校联系册是记录反映孤独症儿童在家和学校之间表现活动的一种简便的载体，也是家校沟通交流的一种有效形式。一方面，教师可以借助联系册，把孤独症儿童一天的学习情况、进步表现、出现的问题及家庭教育康复任务等及时地记录反馈给家长；另一方面，家长可以通过联系册及时了解孤独症儿童在校情况，并根据教师的建议，有针对性地对孩子开展家庭教育康复训练。家校联系册不仅是家校沟通的有效途径，也是儿童发展成长的轨迹档案，是一本极具价值的教育研究材料。

（二）集体的方式

1. 家长会

家长会是学校开展家校合作普遍采用的方式。家长会通常包含班级家长会和全体家长会两种形式。班级家长会是教师做好本班学生家长工作经常而有效的方式。班级家长会的议题可以多种多样，一般由班主任主持，主要介绍班级内孤独症儿童的学习与生活情况、分析学生问题、提出教育任务和需要家长配合的建议等。全体家长会的主要任务是与家长共同探讨学校建设和家庭教育的规律，以提高教育质量和家长的家庭教育能力以及孤独症儿童教育的技能水平，如讨论学校的发展规划、工作制度、家校合作的意见、成立家长委员会等。全体家长会一般由学校牵头，校长与家委会委员、教师代表等共同筹划举行。

2. 家长委员会

家长委员会由全体家长会推选的委员或由学校提名经全体家长会通过产生的委员组成。家长委员会的主要任务是和学校领导共同研究家校合作工作的开展、落实、检查，推动学校教育教学质量的提高；同时也要帮助家长了解学校教育的计划和要求，协助学校改进工作，并及时反映家长对学校的意见、建议，根据家长的需要举行专题讨论会，组织优秀家长交流家庭教育的成功经验等。

3. 家长学校

家长学校是对家长和其他家庭成员进行孤独症儿童教育康复相

关知识技能培训的学校。学校可以根据实际情况定期举办，也可根据需要适时灵活地举行。家长学校的主要任务是普及孤独症儿童的教育知识。家长学校培训内容的确定，可以根据家长所关心的问题和家庭教育中的难点、重点来确定，例如可以系统地讲授孤独症儿童教育康复基础知识，并有针对性地进行康复训练技能的辅导。

4. 家长开放日、活动日

学校可以通过家长开放日、活动日等多种形式的教育活动，让家长走进学校，参观孤独症儿童的在学习和生活上的成果、观摩教学活动等。家长开放日等活动能够让家长详细地了解学校的教育内容和方法，看到孩子的学习与生活状况，加强家长和老师的联系，进而在家校合作方面更加主动和配合，增进家长对学校的关怀、热爱之情，同时也能增强家长参与的荣誉感和自豪感。

第二节 社会合作

一、多专业协同

根据专业分工和孤独症儿童的特殊需要，需要教育体系专业人员、医疗体系专业人员和社会体系专业人员密切配合。

教育体系专业人员主要是以孤独症儿童的教育教学为中心，对孤独症儿童进行各种教育康复，其专业人员主要包括特殊教育教师、从事普通学校特殊班或随班就读工作的教师、特殊教育行政人员等。这些教育工作者通常要经过专门的教育和训练，以便深入理解孤独症儿童的特殊需求，并掌握相应的教育和康复技巧。他们必须熟悉孤独症儿童的心理行为特征，并能够运用多样化的教学方法和康复技术，以助力孤独症儿童的全方位成长。同时，他们还需要具备优秀的沟通能力，以便与孤独症儿童及其家庭建立稳固的伙伴关系。在这些专业人员的协助下，孤独症儿童在学习和康复的道路上能够得到更多的支持和引导，进而提升他们的生活品质和社会融入能力。

医疗体系的服务多是由具有医师资格证的医师或治疗师提供的专业服务，主要从康复医学的角度对孤独症儿童实施康复治疗，主要包含物理治疗师、作业治疗师、言语治疗师、心理治疗师、艺术治疗师等。这些专业人员重点通过一系列的评估和治疗计划，帮助孤独症儿童改善社交技能、沟通能力、运动协调性以及日常生活技能。物理治疗师专注于增强肌肉力量和协调性。作业治疗师则通过各种活动帮助孤独症儿童提高自理能力。言语治疗师通过语言和非语言沟通方式的训练，帮助孤独症儿童改善语言理解和表达。心理治疗师则通过心理辅导和行为疗法，帮助孤独症儿童应对情绪和行为问题。艺术治疗师利用绘画、音乐、戏剧等艺术形式，促进孤独症儿童的自我表达和情感发展。

社会体系的服务主要是从社会福利服务的角度为孤独症儿童及其家庭提供相关的支援服务，其专业人员主要包括社会工作人员、职业指导人员、社区服务人员等。他们重点通过提供个性化的服务计划，帮助孤独症儿童及其家庭应对日常生活中的挑战。他们还致力于促进孤独症儿童的社会融合，通过组织社交活动和培训课程，增强孤独症儿童的社交技能和独立生活能力。此外，这些服务还包括为家庭提供情感支持和教育资源，帮助他们更好地理解孤独症，并在家庭环境中提供适宜的康复训练。

二、医学支持服务

(一) 物理治疗

物理治疗是针对障碍导致的功能受损状况，借助自然界物理因子对人体进行适当的生理刺激反应，以改善和提高生理功能的一种康复治疗方法。

针对孤独症儿童物理治疗的目的在于预防、评估及治疗其障碍功能等的生理问题，主要内容是评估学生在身姿、平衡、移动、感知觉等生理上的障碍状况，通过身姿摆位、放松训练、运动训练等，促进身体运动（主要是粗大动作）、感知觉统合的发展，减轻因身体障碍带来的问题。

物理治疗主要分为运动治疗、徒手操作治疗和仪器治疗。运动治疗室根据运动计划的设计、动作的控制进行针对性训练，以提高孤独症儿童的身体机能与运动功能。徒手操作治疗是通过物理治疗师的徒手操作，如推拿等，促进孤独症儿童肌肉的适当活动，以解决其肌肉张力过大、肌肉痉挛等问题，进而促进其动作技能和身体机能的改进。仪器治疗主要是指利用相关仪器，促进机体血液循环、肌肉放松和功能锻炼，以此来改善孤独症儿童身体功能和情绪行为问题，如超声波、水疗、电疗等。

(二) 作业治疗

作业治疗是针对障碍导致的身心受损状况，通过有目的的、经过选择的作业活动与训练，来改善和提高生理、心理功能以及环境适应能力的一种康复治疗方法。

作业治疗的主要内容是评估孤独症儿童感觉运动（动作）、感官知觉、动作协调、日常生活等行动功能，通过有意义、难度适中的作业活动训练，改善及恢复儿童的身体机能，协助其学会日常活动的选择、安排与执行，引导其主动积极地参与活动，将其潜能诱发出来。

与物理治疗相比，作业治疗着重对身体姿势及其稳定度的训练，促进孤独症儿童在日常生活中的良好活动能力以及精细动作的改善，主要包括：精细动作训练、姿势控制训练、感觉统合训练、日常生活能力训练等。

（三）言语治疗

言语治疗是由言语治疗专业人员对各类言语障碍者进行治疗或矫治的一种康复疗法，其内容包括对各种言语障碍进行评定、诊断、治疗和研究。言语障碍包括失语症、构音障碍、语言发展迟缓、发声障碍及口吃等。孤独症儿童教育活动中，言语治疗主要是对其言语功能、口腔机能及语言发展问题进行评估和康复治疗。

例如，对存在语言发展迟缓与言语表现异常的孤独症儿童进行检测、诊断及评估，包括语言发音器官、语言机能表现、构音表现、表达流畅度、沟通能力等问题的评估与诊断。还可以通过言语能力的训练或使用沟通辅具以提高孤独症儿童的沟通能力。

特别要注意的是，鉴于孤独症儿童社交沟通核心障碍问题及其神经性发育障碍疾病的原因，不必过于关注其构音、表达流畅度，而要鼓励其表达的主动性，激发其表达的动机。

（四）心理治疗

心理治疗是指运用心理学的技术与方法对心理障碍与行为问题进行矫治的一种康复疗法。心理治疗是用语言、表情、动作、姿势、态度和行为向儿童施加心理上的影响，解决心理上的矛盾，以达到治疗疾病、恢复健康的目的。因此，从广义上讲，心理治疗就是通过解释、说明、支持、同情、理解来改变儿童的认知、信念、情感、态度、行为等，达到排忧解难、降低心理痛苦的目的。

对孤独症儿童进行心理治疗的主要内容是进行心理评估及问题的处理，主要包括协助教师解决学生在社会交往、情绪及行为问题上的偏差等；实施心理测评及其他评估和行为观察，并进行问题诊断及评估结果的解释；收集、整合、解释孤独症儿童行为及与学习、生活等有关的情况信息；针对心理测验、会谈、行为评估等分析儿童的特殊需要；制订及管理儿童心理治疗服务方案，针对儿童及其家长适时进行心理咨询辅导等。

三、拓展教育空间

孤独症儿童的教育需要打破学校空间的限制，充分挖掘社区资源、家长资源，对其进行开发利用、重组建构和创新发展，使其成为符合孤独症儿童认知发展规律和年龄特点的教育资源。

（一）社区资源的开发与利用

社区资源作为孤独症儿童教育的重要补充，具有丰富性、实践性和情境性等特点。

首先，社区中的公共设施如图书馆、公园、博物馆等，为孤独症儿童提供了广阔的学习空间。这些场所不仅环境多样，而且活动内容丰富，有助于激发儿童的好奇心和探索欲。例如，图书馆丰富的图书资源可以满足不同兴趣爱好的孤独症儿童，公园的自然环境和户外活动有助于培养他们的感知能力和社交技能，博物馆的历史文化和科学知识则能拓宽他们的视野。学校应以广阔的社会环境为实践场所，积极开发更多的校外空间和活动基地，鼓励孤独症儿童到社会环境中去探索和感受。学校可以与周围社区密切配合，将公园、超市、医院、公交站、地铁站等都变成教学场所，设立研学实践基地,形成育人的"社会大课堂",带领孤独症儿童走出校园,让其融入社区、融入社会。

其次,志愿者和社会组织也是重要的教育资源。通过组织志愿者与孤独症儿童进行互动,可以培养他们的社交能力和情感交流能力。同时,社会组织的专业人士可以为儿童提供针对性的康复训练和教育指导,帮助他们更好地融入社会。为了有效开发和利用,学校应与社区建立紧密的合作关系。双方可以共同策划和组织各类教育活动,如亲子阅读、户外探险、手工制作等,让孤独症儿童在轻松愉快的氛围中学习和成长。此外,学校还可以邀请社区中的专业人士来校举办讲座,为孤独症儿童提供更专业的教育支持。

(二)家长资源的挖掘与整合

家长是儿童成长过程中的重要陪伴者和教育者。他们不仅了解孩子的性格特点和兴趣爱好,还能为孩子提供个性化的家庭教育。因此,充分挖掘和利用家长资源,对于孤症儿童的教育具有重要意义。

家长可以成为孩子的情感支持者和行为引导者。他们可以通过陪伴孩子玩耍、交流等方式,培养孩子的情感表达能力和社交技能。家长还可以在日常生活中引导孩子养成良好的行为习惯和自理能力。学校还可充分利用不同家长的职业背景和专业技能,为孤独症儿童提供丰富的教育资源和实践机会。为了充分发挥家长的作用,学校应加强与家长的沟通和合作。学校可以定期举办家长会、教育讲座等活动,为家长提供教育指导,培训建立家长志愿者队伍,鼓励家长积极参与学校的教育活动,共同为孤独症儿童的成长贡献力量。

(三)教育资源的创新发展

在充分挖掘和利用社区资源和家长资源的基础上,我们还需要对教育资源进行创新发展，以满足孤独症儿童多样化的教育需求。学校可以借助现代科技手段，如虚拟现实、人工智能等，提供更加丰富多样的教育资源和互动体验。这些技术不仅可以激发孤独症儿童的学习兴趣和动力，还能帮助他们更好地理解和掌握知识。学校还可以结合中国传统文化和地域特色，开发具有鲜明地域性的教育资源。这些资源不仅可以增强孤独症儿童的文化认同感和归属感，还能培养他们的文化自信和创新能力。

附　录

附录1　集体教学课例及分析

学科	语文	月主题	了不起的我
课题	镜子里的我	课　时	3－2
班级	三年级1班		
学情分析	6名孤独症儿童，分3个水平（即3个组） 水平1（A组）： 　　GBS：具有较好的语言表达、理解能力和书写能力；能够进行对话；有互动动机，认知能力较好，具备学习能力，有丰富的词汇量，情绪较稳定。在课堂规则方面需要继续规范。 　　RCH：认知能力较好，并具有一定的语言表达能力；能认识并书写常用汉字，上课时注意力不稳定，对老师和学习材料的关注度50%左右，易出现影响课堂学习但不影响他人的自我刺激，在提示下可以纠正。在课堂关注度及参与度方面有待进一步提升。 水平2（B组）： 　　QJY：认知能力较好，并具有一定的语言表达能力；能认识并书写常用汉字，上课时注意力不稳定，对老师和学习材料的关注度50%左右，易出现影响课堂学习但不影响他人的自我刺激（如玩口水、晃动椅子）在提示下可以纠正。在课堂关注度及参与度方面有待进一步提升。 　　ZYF：认知能力较好，并具有一定的语言表达能力，能够结合图片认识简单常用字及词语，具备一定的学习能力。课堂配合度一般，存在较多语言自我刺激，需充分调动学生课堂参与的积极性。 　　WQJ：认知能力较好，并具有一定的语言表达能力，能够结合图片认识简单常用字及词语，书写能力较差，在课堂中易出现由于求关注或获得物品引发的行为问题，课堂反应品质有待提升。 水平3（C组）： 　　DRZ：有一定的语言表达能力，但主动表达的意愿较低，能够结合图片认识简单常用字，但控笔较差，无法独立仿写。能够在提醒下遵守集体课规则，上课时容易兴奋（逃避），对集体指令的反应有待提升。		

续表

教材分析		《镜子里的我》是改编自人教版培智生活语文三年级下册的一篇课文,通过图文结合的形式呈现了小男孩照镜子的生活场景。依托课文内容,学习认读词语"镜子""男孩""上衣""裤子",生字"笑""跳",能够结合图片进行句子表达"镜子里的_____穿着_____。我_____,他也_____"。在学习过程中了解镜子的作用,养成干净整洁的生活习惯。同时引导学生通过照镜子的活动,观察自己的特点,提高学生对于"自我"概念的认知。
学习目标	1. 识字与写字	水平1:独立认读字词"笑""跳""镜子""男孩""上衣""裤子"。 水平2:结合图片认读字词"笑""跳""镜子""男孩""上衣""裤子"。 水平3:指认图片"笑""跳""镜子""男孩""上衣""裤子"。
	2. 阅读与鉴赏	水平1:独立流畅、有感情地朗读课文。 水平2:结合图片指读课文。 水平3:跟读课文。
	3. 表达与交流	水平1:能结合场景,自发/独立进行语言表达"镜子里的_____穿着_____。我_____,他也_____"。 水平2:能结合场景,在句子条提示下表达"镜子里的_____穿着_____。我_____,他也_____"。 水平3:能结合场景,观察图片或活动,在提示下补充句子。
	4. 梳理与探究	水平1:积极参与课堂活动,能与老师、同伴进行眼神对视5次以上,能在活动中轮流、等待。 水平2:按要求参与课堂活动,能与老师、同伴进行眼神对视3次以上,能在活动中轮流、等待。 水平3:能在教师指导下参与课堂活动,能与老师、同伴进行眼神对视至少1次,能在活动中轮流、等待。
	5. 德育目标	通过照镜子的活动,引导学生养成自我关注、仪表整洁的好习惯。

续表

评价任务	完成课堂活动一，认读生字词。（检测目标1） 完成课堂活动二，独立朗读课文。（检测目标2） 完成课堂活动三，学习句子"镜子里的_____，穿着_____"。（检测目标3、4） 完成课堂活动四，学习句子"我_____，他也_____"。（检测目标3、5）
资源建议 学法指导	在教学过程中，创设真实的体验情景及丰富的学习活动，学生在体验的过程中理解课文内容并运用句式进行表达。学生借助PPT课件、图卡，通过观察图片和体验生活情景，在听读训练、游戏活动、操练模仿的过程中逐步达成运用所学语言知识的目的。

学习过程		
教学环节	过程设计	设计意图
视听激趣，复习导入	教师展示视频课文《镜子里的我》，学生观看视频，回答问题，引出本课课题——《镜子里的我》。 师生齐读课题，教师板书。 展示本节课闯关图，引导学生关注本节课的环节：认词语—读课文—学句子—拓展。	借助学生视觉优势，通过视频复习回顾课文内容。
活动一： 趣味游戏，巩固词语	展示学生词卡操作板，示范操作方法。 教师读词语，学生根据教师所读词语进行操作。 设置文字、图文两层不同操作内容。 A组完成图片指认+图文配对； B组完成图文指认+图文配对； C组完成图片指认+图片配对。	通过让学生独立找到本课生字词，检测学生字词掌握情况，并为阅读课文和学习句子打下基础。

续表

学习过程		
教学环节	过程设计	设计意图
活动二：认真聆听，朗读课文	1. 教师范读 拓展问号、感叹号，引导学生有感情地朗读。 2. 分组练读 学生分别进行练读，教师指导。 3. 朗读展示 学生齐声朗读课文。	通过分层设计多种形式的读，突破学生朗读能力弱的难点，同时达到感知课文内容的目的。
活动三：结合图片，学习句子 镜子里的____穿着_____。	1. 出示课文中的图片，学生补齐句子。 镜子里的小男孩穿着红上衣、蓝裤子。 2. 提出疑问：镜子里的同学们是什么样子的？ 3. 引出句式：镜子里的____穿着_____。 4. 分组练习 学生分组观察照片中镜子不同的同学，并用所学句式进行表达。 5. 拓展泛化 设置分层操作板，学生看图补充句子并进行表达。	引导学生在真实情境中，通过图片提示、模仿跟读、运用表达等多种形式学习并应用句子；并通过拓展泛化实时检测学生的掌握情况。

续表

学习过程		
教学环节	过程设计	设计意图
活动四： 边玩边说，勇敢表达 我_____他也_____。	1. 出示课文中的图片，学生补齐句子。 我笑他也笑，我跳他也跳。 2. 提炼句式：我_____他也_____。 引导学生思考，镜子里的自己是不是和你做的动作一样呢？ 3. 我说你做，感受句子。 学生排队照镜子，教师发指令，学生完成动作并进行句子表达。 4. 游戏练习"照镜子"游戏 在做游戏的时候引导学生关注同伴的动作，做游戏时要排队轮流等待。	学生通过照镜子的实际体验，观察镜子内外的动作是一样的，并在真实情境中用所学句式进行表达。在活动中提高学生的倾听与表达能力。 学生与同伴进行"照镜子"游戏，在活动中既巩固所学句式，又提升其对同伴的关注。
活动五： 课堂小结	结合板书，总结本课学习重点；学评学生课堂表现并给予强化	学生对本节知识和个人表现有整体认识
板书设计	镜子里的我 镜子里的_____穿着_____。 我_____他也_____。	
家庭康复任务	A组：仿照课文句式，照着镜子，描述一下镜子里自己和家人。 B、C组：观察镜子中的自己，在家长提示下将句子"镜子里的_____穿着_____"补充完整；与家人玩照镜子游戏，表达"我_____，他也_____。"	
学后评价		

续表

学生姓名	评价目标与完成情况									课堂表现
	识字与写字		阅读与鉴赏		表达与交流		梳理与探究		德育与拓展	
	评价目标	达成情况	评价目标	达成情况	评价目标	达成情况	评价目标	达成情况	评价目标	达成情况	
GBS	水平1		水平1		水平1		水平1		水平1		好/尚可/欠佳
RCH	水平1		水平1		水平1		水平1		水平1		好/尚可/欠佳
QJY	水平1		水平1		水平2		水平2		水平1		好/尚可/欠佳
ZYF	水平2		水平2		水平2		水平2		水平1		好/尚可/欠佳
DRZ	水平3		水平2		水平3		水平3		水平1		好/尚可/欠佳
LYC	水平3		水平3		水平3		水平3		水平1		好/尚可/欠佳

注：评价结果 Y(2) = 独立完成；H(1) = 部分完成(肢体/语言辅助)；N(0) = 不能完成

课例分析：

《镜子里的我》这节生活语文课以培养学生的自我认知和语言表达能力为核心目标，通过丰富多彩的教学活动，旨在帮助学生建立对"自我"的初步认知，同时促进其语言发展和社会交往技能。课程选取了贴近学生日常生活的"照镜子"为主题，巧妙地将认读字词、句型练习、情感态度与价值观教育融合在一起，不仅关注学生的基础语言技能训练，还注重学生的情感体验和社会适应能力的培养。例如，通过图文结合的方式教授生词"镜子""男孩""上衣""裤子"以及生字"笑""跳"，使学生在具体的情境中理解和记忆这些词汇，进而能够结合图片或实际场景，使用"镜子里的_____穿着_____。我_____，他也_____"。这样的句型进行表达。此外，课程设计了多个层次的学习目标，针对不同水平的学生设置了差异化的学习任务，确保每名学生都能在适合自己的起点上获得进步。

在教学方法上，采用了直观教学、情境教学、游戏化教学等多种策略方法，激发了学生的兴趣，增强了学生的参与感和有效性。比如，利用PPT课件、图卡等多媒体资源和镜子等实物，为学生创设了真实而有趣的学习环境，通过观察、模仿、游戏实践等环节，帮助学生更好地理解和应用所学知识。同时，还特别关注孤独症儿童在注意力、沟通交流等方面的特殊需求，采取了分层教学、个性化辅导等方式，针对性地解决了学生在课堂上的注意力分散、自我刺激等问题，提高了课堂教学效率。教学评价方面，设计了具体的评价标准和内容，如通过课堂活动来检测学生的字词认读、课文朗读、句子表达等实现教、学、评一致；采用量化评分体系，客观反映了学生的学习成果，也为后续教学提供了依据。

附录 2 小组教学课例及分析

课题	独立任务——配对游戏练习			
学生	小烁、小涵			
学情分析	两名学生均处于 VB-MAPP 一阶水平，发展发育年龄在 0～18 月之间。其中，小涵得分 14.5 分，小烁得分 29.5 分，两名学生的优势技能均为视觉感知配对，情绪比较稳定，安坐能力较好。但是两名学生均无语言能力，劣势技能在于与语言相关的技能。两名学生在生活中规则性比较强有一定的刻板思维，但是暂时不具备合作游戏的能力，只能进行平行游戏的设计。为了培养两名学生的独立工作能力和自我管理能力，设计了一节以独立任务为主的小组课。			
过程设计				
学生	环节	内容	要求	评价
小烁	①卡片配对游戏	卡片分类；使用 PECS 进行互动；收纳卡片。	1. 独立将"神奇大自然"主题下，20 组同类不同样的卡片完成分类；2. 将铺开的卡片整理好；3. 完成后使用 PECS"我完成了"交换"√"并进行标记。	
小烁	②鞋子配对游戏	独立完成鞋子配对游戏；使用 PECS 进行互动；收纳整理游戏材料。	1. 对"同一双"鞋子进行配对；2. 掌握正确的摆放鞋子的方法；3. 找寻玩具中"丢失"的部分；4. 使用 PECS 提要求"请帮忙"；5. 自主收纳整理材料；6. 使用"我完成了"交换"√"，并进行标记。	
小烁	③配对涂色游戏	维持正确的坐姿、握笔姿势；按照范例进行对照涂色；使用 PECS 进行互动；	1. 掌握正确的握笔姿势，维持正确的坐姿；2. 使用竖涂的方式，完成对照涂色练习；3. 过程中使用 PECS 进行缺失物品提要求，使用图片交换对应颜色的彩笔；	

续表

		收纳整理绘画材料。	4. 自主收纳整理材料； 5. 完成后使用"我完成了"交换"√"，并进行标记。			
小涵	①图形/颜色配对游戏	按照图纸进行匹配； 同样颜色进行配对； 收纳整理游戏材料。	1. 独立进行匹配和对照图的翻页； 2. 提示辅助下同样颜色和形状的分类； 3. 自主收纳整理材料； 4. 完成后使用"√"进行标记。			
	②串珠配对游戏	1. 按照颜色串珠； 2. 完成后拆下珠子； 3. 收纳整理游戏材料。	1. 独立进行按颜色串珠； 2. 独立将珠子拆下来； 3. 自主收纳整理材料； 4. 完成后使用"√"进行标记。			
	③鞋子配对游戏	1. 独立完成鞋子配对游戏； 2. 收纳整理游戏材料。	1. 对"同一双"鞋子进行配对； 2. 提示辅助下掌握正确地摆放鞋子的方法； 3. 自主收纳整理材料； 4. 完成后使用"√"进行标记。			

评价方式：N——无回应/所有反应机会都需要最大化提示；O——大部分反应需要最大化提示；无独立反应；P——大部分反应需要一些提示，有10%~20%的独立反应；H——有50%左右的独立反应；D——大多是独立反应（大于80%）。

课例分析：

小组课《独立任务——配对游戏练习》通过一系列精心设计的游戏活动，培养和发展学生在视觉感知配对、独立工作能力和自我管理能力方面的技能。本课的教学对象是两名处于VB–MAPP一阶水平的孤独症儿童，他们虽然在视觉感知配对方面表现出较强的优势，但在语言相关技能上存在明显不足，且不具备合作游戏的能力。因此，课程设计了一系列独立任务，如卡片配对、鞋子配对和涂色配对等，这些活动不仅能够强化学生的视觉配对能力，还能促进他们在独立完成任务时的耐心度和细致度，以及完成任务后的成就感。例如，小烁和小涵分别进行了卡片分类、鞋子配对、涂色等任务，每个环节都强调了学生按程序独立操作的重要性，同时也鼓励他们通过PECS等工具与教师进行非语言沟通，从而间接促进了他们的沟通技能。

在教学方法上，本课采用了游戏化教学。每项活动都围绕特定的目标展开，如通过卡片配对练习分类技能，通过鞋子配对练习精细动作和解决问题的能力，通过涂色配对练习颜色识别和握笔技巧。此外，教学中还特别关注了学生的情绪管理和行为调节，通过设置明确的任务完成标志（如使用"我完成了"交换"√"）来增强学生的自我效能感。在教学评价方面，采用了量化的评估方式，准确反映学生在各个任务中的表现，为教师调整教学策略和内容提供依据。

附录 3 个别教学课例及分析

XCQ 个训教学设计及记录表

教师：_____   时间：　月　日—　月　日

领域	教学目标	教学内容及策略		日期	试探	教学记录					百分比(%)	教学概况	周总结
		教学内容	策略			1	2	3	4	5			
命名	鸭子	A:这是什么？			Y N						%		□已精熟
		B:鸭子			Y N						%		(P+/+/D+)
		C:强化+代币			Y N						%		□待巩固
		P:语言			Y N						%		□舍弃
命名	老鼠	A:这是什么？			Y N						%		□已精熟
		B:老鼠			Y N						%		(P+/+/D+)
		C:强化+代币			Y N						%		□待巩固
		P:语言			Y N						%		□舍弃
命名	刺猬	A:这是什么？			Y N						%		□已精熟
		B:刺猬			Y N						%		(P+/+/D+)
		C:强化+代币			Y N						%		□待巩固
		P:语言			Y N						%		□舍弃

续表

领域	教学目标	教学内容及策略		日期	试探	教学记录					百分比(%)	教学概况	周总结
		教学内容	策略			1	2	3	4	5			
复杂指认	嘎嘎叫的	A:指一指嘎嘎叫的 B:学生按指令指卡片	C:强化+代币 P:手势		Y N Y N Y N Y N						% % % %		□已精熟 (P+/+/D+) □待巩固 □舍弃
复杂指认	身上有刺的动物	A:指一指身上有刺的动物 B:学生按指令指卡片	C:强化+代币 P:手势		Y N Y N Y N Y N						% % % %		□已精熟 (P+/+/D+) □待巩固 □舍弃
对话	镜像对话(类别描述):XXX是XX类	A:鸭子是动物类的。老鼠/刺猬呢? B:老鼠/刺猬是动物类的。	C:强化+代币 P:语言		Y N Y N Y N Y N						% % % %		□已精熟 (P+/+/D+) □待巩固 □舍弃

221

续表

领域	教学目标	教学内容及策略		教学记录							百分比(%)	教学概况	周总结
		教学内容	策略	日期	试探	1	2	3	4	5			
对话	镜像对话（特点描述）：XX是XX（形状、颜色等）的	A:小鸭子是黄色的。老鼠呢？ B:老鼠是灰色的。	C:强化+代币 P:语言		Y N						％		□已精熟（P+/+/D+）□待巩固 □舍弃
					Y N						％		
					Y N						％		
					Y N						％		
对话	镜像对话（功能描述）：XXX是用来XX的	A:甜甜圈是用来吃的。雨伞呢？ B:雨伞是用来遮雨的。	C:强化+代币 P:语言		Y N						％		□已精熟（P+/+/D+）□待巩固 □舍弃
					Y N						％		
					Y N						％		
					Y N						％		

续表

领域	教学目标	教学内容及策略		日期	试探	教学记录					百分比(%)	教学概况	周总结
		教学内容	策略			1	2	3	4	5			
排序	三张图片排序并讲故事	A:你来讲故事吧 B:1.一只小刺猬看见一棵果树。 2.小刺猬摘了很多果子。 3.小刺猬背着果子回家了。 C:强化+代币 P:语言			Y N						%		□已精熟 (P+/+/D+) □待巩固 □舍弃
					Y N						%		
					Y N						%		
					Y N						%		

注:1. 精熟标准:连续2天试探为Y且每天5次教学的达标率为100%。
2. 试探及教学策略:在独立反映的情况下,试探正确记为Y;试探错误记为N;教学策略主要包括:P(辅助);P+(辅助-独立);+(独立);D+(辅助-独立-转换-独立)。
3. 教学概况:简单记录学生的精神状态、行为问题、学习反应、授课教师(如果有代课)及其他发现等。
4. 周总结:学生完成既定精熟标准记作已精熟,并注明相应策略;学生未完成既定精熟标准需要继续学习课程记作待巩固;所选教学目标与学生能力不符(较难)记做舍弃。

课例分析：

本节个训课聚焦于提升学生的语言命名、复杂指认和对话能力，通过系统化、个性化的教学方案，帮助学生克服在语言沟通和认知理解上的障碍。教学内容涵盖了对动物名称的命名练习，如鸭子、老鼠、刺猬等，以及对物品特性的复杂指认，如"嘎嘎叫的""身上有刺的动物"。此外，还设计了镜像对话练习，包括类别描述、特点描述和功能描述，如"鸭子是动物类的""小鸭子是黄色的""甜甜圈是用来吃的"，并通过排序讲故事的活动来锻炼学生的逻辑思维和叙述能力。每个教学目标都配有详细的教学策略，如提问、示范、强化加代币奖励等，确保学生在学习过程中保持高度的参与感和积极性。

在教学方法上，采用了回合教学法，通过反复练习巩固学生的语言技能。例如，在命名练习中，教师会先提问"这是什么?"引导学生回答，然后给予语言强化和代币奖励，以增强学生正确命名的动机。对于复杂指认任务，教师会通过手势辅助，帮助学生理解指令，完成指认。教学评价方面，设计了严格的评估标准，使用教学策略代码，详细记录每次教学的情况，以便教师根据学生表现及时调整教学计划。